V&R

Vergangene Gegenwart. Debatten zur Zeitgeschichte III

Die Zukunft des NS-Gedenkens

Geschichte als gesellschaftliche Selbstverständigung

Herausgegeben von Christina Morina

Vandenhoeck & Ruprecht

Die Aufzeichnungen der diesem Buch zugrunde liegenden Gespräche sind im Internet aufzurufen unter

https://vimeo.com/1084981630/1d0c8d2a43?share=copy

https://vimeo.com/1084982103

https://vimeo.com/1084982460

Bibliografische Information der Deutschen Nationalbibliothek:
Die Deutsche Nationalbibliothek verzeichnet diese Publikation in der Deutschen Nationalbibliografie; detaillierte bibliografische Daten sind im Internet über https://dnb.de abrufbar.

Umschlagabbildung: Demonstration eines Bündnisses »Wir sind die Brandmauer« für Demokratie und gegen Rechtsextremismus am 3. Februar 2024.
© picture alliance / Jörg Carstensen | Joerg Carstensen

Korrektorat: Anja Borkam, Langenhagen
Satz: textformart, Daniela Weiland, Göttingen
Umschlaggestaltung: SchwabScantechnik, Göttingen
Druck und Bindung: Hubert & Co, Ergolding
Printed in the EU

Vandenhoeck & Ruprecht Verlage | www.vandenhoeck-ruprecht-verlage.com
E-Mail: info@v-r.de

ISSN 2749-618X (print) | ISSN 2749-6198 (digital)
ISBN 978-3-525-30348-1 (print) | ISBN 978-3-647-30348-2 (digital) |
ISBN 978-3-666-30348-7 (eLibrary) | ISBN 978-3-647-99227-3 (EPUB)

Inhalt

Nachdenken über das NS-Gedenken
Zur Einführung

Christina Morina

Gedenkstunden folgen üblicherweise einem festen Ritual – und doch ist jede für sich einzigartig. Am Vormittag des 27. Januar 2023 war es 78 Jahre her, dass das Vernichtungslager Auschwitz befreit wurde. Aus diesem Anlass fand im Deutschen Bundestag zum 28. Mal eine »Gedenkstunde für die Opfer des Nationalsozialismus« statt. Seit 1996 begeht die Bundesrepublik diesen – wie es meist knapper heißt – Holocaust-Gedenktag. Er wurde 2002 von der Europäischen Union übernommen, und seit einer Resolution der Vereinten Nationen aus dem Jahr 2005 gilt der 27. Januar auch weltweit als International Holocaust Remembrance Day. Im Zentrum des Gedenkens im Berliner Parlament standen 2023 erstmals »Menschen, die wegen ihrer sexuellen Orientierung oder geschlechtlichen Identität« während der Zeit des Nationalsozialismus diskriminiert, verhaftet, gefoltert und ermordet wurden.[1]

Dieser thematische Fokus auf die Opfer sexueller Diskriminierung und Gewalt war ein ebenso überfälliger wie bemerkenswerter Schritt: Überfällig war er, weil dieser Verbrechenszusammenhang und die spezifischen damit verbundenen Leiderfahrungen im öffentlichen Gedenken an die Zeit des Nationalsozialismus jahrzehntelang überhaupt keine Rolle gespielt haben. Erst in den 1980er Jahren entwickelte sich eine kritische Gedenkkultur. Die entscheidenden Impulse dazu gingen von zivilgesellschaftlichen Initiativen und Forschungsprojekten aus, in denen sich queere Menschen mit und ohne eigene biografische Verbindung zur NS-Zeit engagierten. Auf der staatlichen Ebene erwähnte Bundespräsident Richard von Weizsäcker in seiner berühmten

Rede zum 8. Mai 1985 erstmals explizit die in der Zeit des Nationalsozialismus »getöteten Homosexuellen«.[2]

Bemerkenswert war die nationale Aufmerksamkeit für diese Opfer in der Gedenkstunde 2023, weil damit nicht wie bislang die Verfolgung und Ermordung der europäischen Juden und Jüdinnen im Mittelpunkt des parlamentarischen Rituals standen. Vielmehr spiegelte die Thematisierung sexueller Diskriminierung in der Geschichte die Gleichberechtigungsbemühungen nichtheterosexueller Menschen in der Gegenwart wider. Zur Gleichstellung in der Gegenwart gehört nicht zuletzt auch die gleichwertige Wahrnehmung historischer Erfahrungen. Es überrascht daher nicht, dass diese Gedenkstunde eine lange Vorgeschichte hat. Jahrelang haben sich Vertreter und Vertreterinnen aus Zivilgesellschaft, Wissenschaft und Mitarbeitende von Gedenkstätten bei der Bundestagsverwaltung für einen solchen Fokus eingesetzt. Und mit der Rede des 1947 geborenen Klaus Schirdewahn, mit dem die Gedenkstunde endete, kamen auch die Kontinuitäten der Verfolgung nach 1945 bis in die heutige Zeit zur Sprache. Seine Rede zeigte, wie eng gerade für Menschen, die als »Minderheit« wahrgenommen werden, die Auseinandersetzung um die Aufklärung und Anerkennung historischen Unrechts mit dem Einsatz für Gleichberechtigung und Diskriminierungsfreiheit in ihrer jeweiligen Gegenwart verbunden ist.[3] Schirdewahn resümierte entsprechend: »Die Gedenkstunde ist ein Zeichen der Anerkennung und ein Signal in die Gesellschaft hinein. [...] Dass ich jetzt vor Ihnen sprechen konnte, ist noch nicht selbstverständlich!«[4]

Damit warf diese Gedenkstunde eine Reihe von Fragen auf, die mitten hineinführen in die beiden Gespräche, die am selben Tag als *3. Bielefelder Debatte zur Zeitgeschichte* im übervollen Plenarsaal des Zentrums für interdisziplinäre Forschung geführt wurden und die wir in diesem Buch dokumentieren: Wie gedachte man in Deutschland seit 1945 im öffentlichen Raum der NS-Zeit und der damit verbundenen Verbrechen? Welche Aspekte dieser Gewaltgeschichte, welche Verantwortlichkeiten, Schicksale und Erfahrungen wurden dabei thematisiert oder auch besonders hervorgehoben – und welche nicht? Welche Gegenwartsbezüge wurden hergestellt, von wem und warum? Und nicht zuletzt ging es um Zukunftsperspektiven: Welche Gestalt und Relevanz sollte ein in Deutschland spezifisch begründetes und gewachsenes NS-Gedenken zukünftig haben?

Die immer kontroverser geführten Diskussionen um die Zukunft des nationalen und globalen Umgangs mit den von NS-Deutschland zu verantwortenden Massenverbrechen fallen nicht zufällig mit dem unaufhaltsamen Vergehen der NS-Zeit und damit auch dem Verschwinden der letzten Angehörigen der Erlebnisgeneration zusammen (obwohl diese Erlebnisse transgenerationell bis in die Gegenwart nachwirken). Doch im Januar 2023 jährte sich nicht nur die Befreiung des Vernichtungslagers Auschwitz, sondern auch der Beginn der nationalsozialistischen Herrschaft. Fast auf den Tag genau 90 Jahre war es her, dass Adolf Hitler zum Reichskanzler ernannt wurde. Dieser lange Zeitraum verweist darauf, dass Nationalsozialismus, Zweiter Weltkrieg und Holocaust nach und nach nicht mehr zu den Themen einer Zeitgeschichtsschreibung im engeren Sinne gehören – ein Umstand, der die gegenwärtige geschichtskulturelle und -politische Unruhe mehr oder weniger subtil prägt.[5]

Die heute häufig erhobene Forderung, die sogenannte Erinnerungskultur in der Bundesrepublik müsse »zeitgemäßer« und multiperspektivischer ausgerichtet werden, möglichst alle Opfergruppen und auch die Verbrechen des Kolonialismus umfassen, ist dabei so wohlfeil wie unscharf. Exemplarisch steht dafür der 2024 vom Bundeskulturministerium (BKM) veröffentlichte und sogleich hochumstrittene Entwurf eines *Rahmenkonzepts Erinnerungskultur*. (Der Erinnerungskulturbegriff ist inzwischen völlig abgegriffen und analytisch nutzlos. Präziser wäre es, von einer spezifischen Tradition der gesellschaftlichen Vergegenwärtigung von historischem Unrecht mittels einer institutionalisierten Kultur der Wissensvermittlung und des Gedenkens zu sprechen.) Das Konzept versteht »Erinnerung« als »zukunftsgestaltende Kraft« und als Ressource im »Kampf um die Demokratie«. Die »Verschiedenheit individueller und kollektiver Erinnerungen« sei »als formative Elemente demokratischer Gleichheit und künftiger gemeinsamer Erinnerungen gerade in einer Einwanderungsgesellschaft« zu wertschätzen und entsprechend staatlich zu fördern.[6]

Geschichte ist gewiss eine gesellschaftlich verhandelte Größe, zumal in Demokratien, die eine plurale Auseinandersetzung ermöglichen und von dieser zugleich gestützt werden. In dem Maße, in dem sich eine Gesellschaft wandelt, verändern sich auch Bezüge zu historischen Erfahrungen und damit deren Bedeutung. Es geht somit in den Diskussionen über ein »vielfältigeres Erinnern« nicht nur um eine Erweiterung der Perspektiven, eine inklusivere Vergegenwärtigung und Repräsentation historischer Erfahrungen, sondern auch um eine, wie es Jürgen Habermas formuliert hat, »Verschiebung der Gewichte«[7] – weg von der Zentralität des Holocaust im (deutschen) Diskurs, denn, so Habermas: »Verliert nicht der Holocaust im politischen Selbstverständnis der Bürger der Bundesrepublik den Stellenwert eines ›einzigartigen‹ [sic] Zivilisationsbruchs, wenn man diesen Genozid in die Perspektive einer Nachfolge der erst heute wieder in Erinnerung gerufenen Kolonialverbrechen rückt?«[8] Das könnte in der Tat die Konsequenz einer solchen Verschiebung sein. Zudem ist gerade aus geschichtswissenschaftlicher Sicht zu befürchten, dass mit dieser Argumentation die historischen Ermöglichungsbedingungen für den Holocaust verwischt werden. Denn die »Nachfolge«-Perspektive verkennt nicht nur die spezifischen Entstehungs- und Vollzugsbedingungen für dieses Verbrechen im nationalsozialistischen Deutschland, sondern auch die Voraussetzungen für dessen europäische Entgrenzung, die Mobilisierung und Mobilisierbarkeit einer jahrhundertealten antijüdisch gepolten Weltanschauungstradition.

Sicher war eine Schwächung des Stellenwerts des Holocaust innerhalb des historisch-politischen Grundkonsenses der bundesdeutschen Gesellschaft nicht das Anliegen des BKM-Konzepts. Es konstatiert gleich zu Anfang, dass das »Menschheitsverbrechen der Shoah und die Verbrechen des Nationalsozialismus« eine »einzigartige Rolle in der deutschen Erinnerungskultur« spielen.[9] Eine Schwächung – nicht zuletzt über die mehr oder weniger bewusste Verwischung historischer Ursachenzusammenhänge – kann aber durchaus ein *Effekt* all dieser Überlegungen sein. Entsprechend gründlich und umsichtig sollten diese gerade in und in Bezug auf Deutschland diskutiert werden.

Das ist kein Ausdruck von Provinzialität, sondern von historischer Urteilskraft.

Mit den in diesem Sinne kritisch zu hinterfragenden Überlegungen ist oft die aufrichtige Hoffnung auf mehr Gerechtigkeit und Solidarität in der Gegenwart verbunden – insbesondere für Gruppen oder auch ganze Gesellschaften, die bis heute unter den Folgen kolonialer Herrschaft leiden. Der US-amerikanische Literaturwissenschaftler Michael Rothberg, dessen jüdische Vorfahren zu Beginn des 20. Jahrhunderts aus Osteuropa in die USA emigrierten, ist einer der einflussreichsten Protagonisten dieser Position. In seinem Buch *Multidirektionale Erinnerung* (2009, dt. 2021) argumentiert er, Erinnerung sei kein »Nullsummenspiel« und Öffentlichkeit kein »vorab gegebener, begrenzter Raum, in dem bereits etablierte Gruppen einen Kampf auf Leben und Tod austragen«. Vielmehr solle man sie als »Diskursraum« denken, der »offen für fortlaufende Neugestaltung« sei.[10] Rothberg plädiert von dieser Prämisse ausgehend für eine »radikal demokratische Erinnerungspolitik«, die auf »differenzierter Solidarität« beruhen müsse. Gemeint ist damit ein gegenseitiges Verständnis für Gewalterfahrungen, ein »ethisches« Vergleichen, das Anerkennung ermögliche, aber weder die absolute Identifikation noch die Ausblendung der Spezifika des Leidens des jeweils anderen impliziere.[11]

Damit sollen einerseits historische Unrechtserfahrungen sichtbarer und begreifbarer werden, die bislang marginal waren. Andererseits fußt dieser Ansatz auf einem dezidiert *politischen* Wissenschaftsverständnis, in dessen Kern es um die »zentrale Rolle Israels« geht, um eine Thematisierung der Verantwortung Israels und seiner Unterstützer, nicht zuletzt Deutschlands, für die Lage der Palästinenser (die Verantwortung anderer Akteure wird kaum thematisiert).[12] Der dafür notwendige Versuch, die Spezifizität des Holocaust zu relativieren, ohne den es den Staat Israel sehr wahrscheinlich nicht gäbe, bezieht sich dabei primär gerade nicht auf die Geschichte des Holocaust, sondern auf die Geschichte Israels *nach* dem Holocaust. Dessen Existenz wird in den Debatten über das *German Memory* (also unser Thema: das NS-Gedenken) so hartnäckig problematisiert wie die keines anderen Staates der Welt: »Der Rückzug auf sakralisierte Diskurse der Einzigartigkeit«, so Rothbergs Begründung dafür, »wird uns wenig helfen, den Gefahren für unser aller Welt zu begegnen.«[13]

Die Annahme einer inklusiven, wenn nicht gar egalitären Erinnerungsöffentlichkeit ist eine wirklichkeitsferne Wunschvorstellung. In merkwürdigem Widerspruch zur »radikaldemokratischen« und tagesaktuell informierten Positionierungslust wirkt sie geradezu unpolitisch. Öffentliche, zumal mediale Aufmerksamkeit *ist* eine begrenzte Ressource. Erst recht sind es staatliches Interesse und Förderung, ohne die ein verstetigtes Gedenken kaum realisierbar ist. Für die Sichtbarkeit und Vergegenwärtigung von historischen Massenverbrechen sind die jeweiligen nationalen und transnationalen Aufmerksamkeitsstrukturen und -ökonomien entscheidend. Es verwundert daher, dass Fragen nach den gedenkrelevanten Bedingungen, also der Verteilung von Macht und Ressourcen, in diesen Debatten kaum eine Rolle spielen.

Die zunehmende Gegenwartsfokussierung in der Debatte über das NS-Gedenken dürfte schließlich auch aus der »Suspendierung«[14] eines selbstkritischen Aufklärungsanspruchs zugunsten kollektiver Identitäts- und Vergemeinschaftungssehnsüchte resultieren. Das führt dazu, dass historische Ereignisse disloziert und schematisiert werden, dass sie allzu umstandslos aus ihrem ursprünglichen Zusammenhang herausgelöst und aktuellen Bedürfnissen angepasst oder gar untergeordnet werden – Gegenwartsverfügbarkeit, wie es Stefanie Middendorf in ihrem kommentierenden Beitrag zu diesem Band formuliert, kann nicht der oberste Zweck historischer Urteils- und Sinnbildung sein. Die Spitze, oder auch folgerichtige Kehrseite, einer solchen Entwicklung ist die Umstandslosigkeit, mit der das vermeintlich »katechetische«, »wahnhafte« oder gar »arisch-philosemitische« *German Memory* als ausschlaggebend für politische Haltungen der Bundesregierung und in der deutschen Bevölkerung gegenüber Israel erklärt wird – ohne dass dadurch der sogenannte Nahostkonflikt als *politische* Herausforderung der Gegenwart nachvollziehbarer, geschweige denn lösbarer würde.[15] Wichtige Nuancierungen in diesen Haltungen, etwa dass eine prinzipielle Unterstützung Israels als souveräner Staat eine fundamentale Kritik an der israelischen Regierungspolitik nicht ausschließt, werden entweder nicht wahrgenommen oder routiniert übergangen.[16]

Wie sich die Inhalte und Prämissen des NS-bezogenen Gedenkens verändern sollten, wird in den letzten Jahren also stärker denn je unter gegenwartspolitischen Aspekten diskutiert. Dabei ist »das Gedenken« – wie »die Erinnerungskultur« – ein ebenso etablierter wie problematischer Begriff. Auch wenn er aufgrund seiner Verbreitung für dieses Buch titelgebend war, ist es ein Hilfsbegriff und damit immer auch Ausdruck einer gewissen Hilflosigkeit. Denn die Formel des »NS-Gedenkens« fasst schwerlich all die vielfältigen, nicht selten widersprüchlichen Emotionen, Ansprüche und Erwartungen, die gemeinhin damit verbunden sind: individuelle Trauer und intergenerationelle Traurigkeit, staatliche Verbrechensakzeptanz und kollektive Einsichtsfähigkeit, institutionalisierte Verantwortungsbereitschaft und historische Wissensvermittlung, gesellschaftliche Sinnstiftung und politische Selbstvergewisserung, um nur einige zu nennen. Systematisch-reflektierende Studien, die zwischen den diversen Akteuren, Logiken und Agenden in diesem weiten Feld des Gedenkens zu unterscheiden wissen, sind nach wie vor rar.[17] Ein 2021 veröffentlichter Sammelband widmete sich erstmals umfassend der Frage, ob »das Erinnern [sic] an den Nationalsozialismus und an die Shoah eine Zukunft« habe. Die Autorinnen und Autoren des Bandes bejahen diese Frage mit Verweis auf die grundsätzliche Wandlungsfähigkeit von »Erinnerungskultur« vorsichtig optimistisch. Nötig sei, so auch hier das Plädoyer, eine Perspektivenvervielfältigung, allerdings vor allem mit Blick auf jüdisches Leben in Deutschland, das zunehmend von transnationalen Entwicklungen und einer großen Heterogenität und Vielstimmigkeit geprägt sei.[18]

Vor dem Hintergrund dieses recht unübersichtlichen Diskussionsstandes widmete sich die *3. Bielefelder Debatte zur Zeitgeschichte* dem unhintergehbaren Spannungsverhältnis zwischen Vergangenheitsbefragung und Gegenwartsbezug. Ausgangspunkt für die Debatte war zum einen die These, dass sich über die Zukunft des NS-Gedenkens ohne eine genaue Rekonstruktion seiner historischen *Genese* seit 1945 nicht sinnvoll sprechen lässt.

Dazu gehören auch die Fragen, welche Aspekte der Geschichte des Nationalsozialismus jeweils als vergegenwärtigungswürdig galten und wie, warum und worauf hin sich der öffentliche Fokus im Laufe der Zeit verschob. Zum anderen ist es fast ein Jahrhundert nach Auschwitz dringend nötig, sich sorgfältiger als bisher über die *Bilanz* der NS-bezogenen Gedenkbemühungen, der historisch-politischen Wissensvermittlung sowie der antisemitismus- und rassismuskritischen Bildungsarbeit zu verständigen. Es galt in beiden Gesprächen, jene Voraussetzungen und Ansprüche herauszuarbeiten, die eine nachhaltige öffentliche – also informierte, differenzierte und verantwortungsbewusste – Auseinandersetzung mit der Geschichte und den Folgen des Nationalsozialismus in der Zukunft gewährleisten können.

Zwei Ereignisse, die nach der Debatte im Januar 2023 stattfanden, unterstreichen die Notwendigkeit einer solchen Bilanz in ganz besonderer Weise: Da sind zum einen die brutalste antisemitische Gewalttat seit der Shoah, der Überfall der Hamas auf israelische Gebiete am 7. Oktober 2023, und der seither dramatisch angestiegene Antisemitismus auch in Deutschland (parallel zum Aufstieg einer neonationalsozialistischen Partei, der AfD). Dies lässt nur den Schluss zu, dass die Bemühungen um eine wirksame Aufklärung über die Ursachen der an Juden verübten Massenverbrechen in der NS-Zeit und ihr Wiederholbarkeitspotential mindestens teilweise gescheitert sind. Da ist zum anderen aber auch die Tatsache, dass nach dem Terrorangriff und Anfang 2024 zusätzlich mobilisiert durch die *Correctiv*-Veröffentlichung der Pläne im Umkreis der AfD zur systematischen Vertreibung von Menschen über Monate hinweg Hunderttausende unter dem Motto »Nie wieder ist jetzt!« auf die deutschen Straßen zogen, sich organisierten und Initiativen formten, um die »Lehren« der NS-Zeit für die heutige Zeit anzumahnen.[19] Eine der frühesten Initiativen war der Aufruf Kulturschaffender aus Frankfurt am Main vom 10. Dezember 2023, deren Kernbotschaft lautete: »Wir bekennen uns zu unserer historischen Verantwortung. Wir stehen auf und nehmen Stellung: Im Alltag, bei der Arbeit, im Freundeskreis, in Vereinen und Gemeinden. Wir erheben unsere Stimme gegen Antisemitismus. Wir stellen uns schützend an die Seite von Jüdinnen und Juden. Wer sie angreift,

greift uns an. Unsere Solidarität überschreitet religiöse und kulturelle Grenzen.«[20]

Auch wenn sie vor diesen beiden Ereignissen geführt wurden, kreisen die hier dokumentierten Gespräche auf je eigene Weise um diese Fragen. Doch wer oder was ist eigentlich gemeint, wenn in lila-grün-schwarz auf einem Poster »Nie wieder ist jetzt!« steht und jemand es auf einer Demonstration vor dem Deutschen Bundestag hochhält, wie auf dem Coverbild dieses Buches vom Februar 2024? Worauf und auf wen bezieht sich das »Nie wieder«, was folgt für wen aus dem »ist jetzt!«? Wofür steht die vielstimmige Mobilisierung eines Mottos, das über Jahrzehnte hinweg eher statisch und monumental die (doppel-)deutsche NS-Gedenkkulturlandschaft prägte? Sie ist sicher einerseits Ausdruck eines veritablen postnationalsozialistischen Humanismus in Teilen der bundesrepublikanischen Gesellschaft, dem der Historiker Andrew I. Port in seiner Studie *Never Again. Germans and Genocide after the Holocaust (2023)* erstmals gründlich nachgegangen ist.[21] Doch andererseits bleiben antisemitische, rassistische und autoritäre Einstellungen in der deutschen Gesellschaft dermaßen präsent, dass man die tatsächliche Ausprägung und Reichweite dieses (vielleicht spezifisch deutschen) NS-Abwehrhumanismus sicher nicht überschätzen sollte.[22] Empirische Studien zum zivilgesellschaftlichen Fundament von »Nie-wieder-ist-jetzt!«-Initiativen zeigen jedenfalls, dass sie gerade in kleineren und ostdeutschen Kommunen ein klar begrenztes Ausmaß haben.[23] Ebenso fragwürdig ist, auf welchem historischen Wissen – nicht zuletzt zur Geschichte und Wirkungsweise des Antisemitismus als Kernkraft des Nationalsozialismus – dieses Engagement fußt oder wie reibungslos mitunter antisemitische Einstellungen und demokratiepolitischer Aktivismus miteinander einhergehen können, was sich beispielsweise, aber bei weitem nicht nur, an Haltungen zum Krieg im Nahen Osten und dem Staat Israel gegenüber ablesen lässt.[24] Die fundamentale Einsicht, dass »nach der Shoah und mit der Gründung Israels [...] der Antisemitismus wesentlich mittels Bezugnahmen auf Israel begründet und kommuniziert worden« ist, hat weder in konkreten Gedenk-, Bildungs- und Kulturkontexten noch in der Gesellschaft insgesamt die Relevanz, die sie sachlich und ethisch verdient.[25]

All diesen Fragen widmen sich die beiden in diesem Buch dokumentierten Gespräche auf je eigene Weise. Zunächst sichten die Hamburger Historikerin Ulrike Jureit und ihr britischer Fachkollege Bill Niven die langen Linien des Umgangs der Deutschen mit dem Nationalsozialismus seit 1945 in zeithistorischer Perspektive. Ausgangspunkt ist der Versuch zu klären, was überhaupt unter »Gedenken« beziehungsweise »Erinnerung« zu verstehen ist – in einer Zeit, in der »eigentlich jedes Reden über Vergangenheit als Erinnern missverstanden wird« (Jureit). Sie reflektieren des Weiteren darüber, wie sich nationalsozialistische und koloniale Verbrechen sowohl historisch als auch gedenk- und gegenwartsorientiert sinnvoll, das heißt nicht zuletzt »postmoralisierend« (Niven) miteinander in Bezug setzen lassen. Und beide Diskutanten erwägen, mit welchen Motiven, Zielen und Selbstverständnissen sie sich jeweils persönlich, aber auch Historikerinnen und Historiker generell in öffentliche Debatten über den Umgang mit der NS-Vergangenheit einbringen.

Im zweiten Gespräch richten der in Deutschland geborene israelische Soziologe Natan Sznaider und der in Israel geborene deutsch-arabische Psychologe Ahmad Mansour im Dialog mit Anna Strommenger den Blick dezidiert auf Gegenwart und Zukunft. Deutschland ist dabei ein klar umrissener nationaler Geschichts- und Gedenkraum – »die Shoah war eine deutsche Angelegenheit« (Sznaider) – und zugleich wird diese Vergangenheit heute grenzenlos transnational verhandelt, sowohl inner- als auch außerwissenschaftlich. Sie problematisieren vor diesem Hintergrund die diversen Erwartungen an und Vereinnahmungen von »Erinnerungskultur« in pädagogischen, kulturellen und politischen Kontexten. Und damit geht es stets auch um deren Funktionalität und Wirkung, die nicht zuletzt von der (biografischen, weltanschaulichen) Position der beteiligten Akteure abhängen und entsprechende Konsequenzen haben. Wie fasst man dann die daraus je spezifisch ableitbare »Verantwortung für Vergangenheit und Gegenwart« (Mansour)? Schließlich kreist das Gespräch auch um den Zusammenhang von historischem Wissen, Wertvorstellungen und demokratischem Bewusstsein. Was können Holocaust-Bildung und Gedenkstättenarbeit zur Bekämpfung von Antisemitismus und Rassismus konkret beitragen? Inwieweit ist man sich deren Grenzen und Überforderungen bewusst? All diese Überlegungen münden in der Ermutigung, gerade in einer von Einwanderung geprägten Gesellschaft historisch-politische Bildung und republikanische Staatsbürgerschaft – Geschichte, Verantwortung und Zugehörigkeit – weit über Museen, Gedenkstätten und Bildungsprogramme hinaus stärker zusammenzudenken. Mit anderen Worten: Auseinandersetzung mit der (NS-)Geschichte kann und sollte der gesellschaftlichen Selbstverständigung dienen.

Beide Gespräche wurden für diese Publikation leicht überarbeitet sowie um Lektüreverweise und einen fundierten Kommentar ergänzt. Darin besteht die Historikerin Stefanie Middendorf – unter Bezug nicht nur auf die beiden in Bielefeld geführten Gespräche, sondern auch angesichts des Massakers vom 7. Oktober 2023 und seiner Folgen – auf einer wissenschaftlichen wie gedenkkulturellen Auseinandersetzung mit der Vergangenheit als »Raum eigenen Rechts«. Angesichts der seither anhaltenden militärischen Auseinandersetzung zwischen der Hamas und Israel im Gaza-Streifen und in der weiteren Region werden routiniert unterkomplexe Bezüge zwischen der NS-Zeit, dem Holocaust, dem Gedenken daran, der Existenz Israels als Konsequenz dieses Verbrechens, der Verantwortung der Bundesrepublik als Nachfolgestaat des »Dritten Reiches« und der Politik des Staates Israel hergestellt. Middendorf verweist auf eine Reihe daraus folgender Probleme und warnt vor einer »Praxis der Vergangenheitsaneignung [...], die vor der Widersprüchlichkeit der Geschichte zurückweicht und sie für die Gegenwart verfügbar zu machen versucht«.[26] Nach dem *Memory Boom* der letzten Jahrzehnte, in und mit dem Geschichte und Gegenwart geradezu ineinander verschmolzen, lehrt vielleicht gerade das deutsche NS-Gedenken, dass sich sowohl über die Geschichte als auch über die Gegenwart nur in dem Maße sinnvoll reden lässt, in dem man es versteht, beides auch trennscharf voneinander unterschieden zu betrachten.

Die *Bielefelder Debatten zur Zeitgeschichte* und die dazugehörige Buchreihe *Vergangene Gegenwart* knüpfen an die lebendige Diskussionskultur der Bielefelder Geschichtswissenschaft an, greifen zentrale Themen des Zeitgeschehens und der zeithistorischen Forschung auf und schaffen über die Fachwissenschaft hinaus Raum für offene, sachliche, ungewöhnliche und mitunter auch kontroverse Auseinandersetzungen. Das Gespräch zwischen Sznaider und Mansour prägt eine durchaus besondere Polarität der Positionen (unter anderem in disziplinärer, biografischer und intellektueller Hinsicht). Diese steht einer Verständigung aber keineswegs im Wege und bringt ungewöhnliche Reflexionen etwa über die möglicherweise prinzipielle Unvereinbarkeit von Pietätsvorstellungen und historischer Urteilsbildung hervor. Auf ganz andere Weise ist erhellend, wie Jureit und Niven ihre historischen Forschungen und Erfahrungen mit Gedenkarbeit zur komplexen Auseinandersetzungsgeschichte der Deutschen seit den 1980er Jahren in Bezug setzen.

Schließlich unterstreicht auch das Thema dieses dritten Bandes, dass sich die Reihe einer zu Unrecht als »Sonderwegdenken« verunglimpften Fragetradition verbunden fühlt, die sich nicht nur, aber maßgeblich von Bielefeld aus entfaltete: der »Frage nach den eigentümlichen Belastungen der deutschen Geschichte«.[27] Diese Belastungen haben nicht nur historische Relevanz, indem sie den Nationalsozialismus ermöglichten. Sie wirken über die monströsen Verbrechen der NS-Zeit und deren vielfältigen Ursachen und Konsequenzen bis in die Gegenwart fort. Gedenken bedeutet Vergegenwärtigung, es ist weder statisch noch endlich. Die Zukunft des NS-Gedenkens liegt nicht zuletzt in der Bereitschaft zum Nachdenken über dessen Sinn.

Anmerkungen

1 Vgl. die Dokumentation der Reden unter: https://www.bundestag.de/dokumente/textarchiv/2023/kw04-gedenkstunde-929020 [Letzter Zugriff auf diese und alle in diesem Buch zitierten Websites (mit Ausnahme des Kommentars): 20.3.2025].

2 W. Jake Newsome, Pink Triangle Legacies. Coming Out in the Shadow of the Holocaust, Ithaca, 2022, S. 192ff., 201f.; vgl. als Überblick auch Anna Hájková, Menschen ohne Geschichte sind Staub. Queeres Verlangen im Holocaust, Göttingen, 2024; die Rede von Weizsäckers ist abrufbar unter: https://www.bundespraesident.de/SharedDocs/Reden/DE/Richard-von-Weizsaecker/Reden/1985/05/19850508_Rede.html?nn=129626.

3 Zur Vorgeschichte der Gedenkstunde vgl. Lutz van Dijk, Warum die Gedenkstunde im Bundestag am 27. Januar 2023 wichtig war – nicht nur für die queere Community, in: Gedenkstättenrundbrief 211 (2023), 9, S. 47–51.

4 Die Rede ist online nachlesbar unter: https://www.bundestag.de/dokumente/textarchiv/2023/kw04-gedenkstunde-rede-klaus-schirdewahn-931388.

5 Vgl. zur Einordnung dieser Entwicklung und zu möglichen Konsequenzen u.a. Volkhard Knigge (Hrsg.), Jenseits der Erinnerung – Verbrechensgeschichte begreifen. Impulse für die kritische Auseinandersetzung mit dem Nationalsozialismus nach dem Ende der Zeitgenossenschaft, Göttingen, 2022.

6 BKM, Entwurf Rahmenkonzept Erinnerungskultur Stand 01.02.2024, S. 2, online: http://h-und-g.info/fileadmin/projekte/HuG/Kontroversen/20240201_Rahmenkonzept_Erinnerung.pdf.

7 Jürgen Habermas, Statt eines Vorworts, in: Saul Friedländer et al., Ein Verbrechen ohne Namen. Anmerkungen zum neuen Streit über den Holocaust, München, 2022, S. 9.

8 Ebd., S. 9f.

9 BKM, Entwurf Rahmenkonzept, S. 2.

10 Michael Rothberg, Multidirektionale Erinnerung. Holocaustgedenken im Zeitalter der Dekolonisierung, Berlin, 2021, S. 29.

11 Ebd., S. 12.

12 Ebd., S. 14.

13 Ebd., S. 16. Dass nur und gerade die Politik Israels als gefährlich für die gesamte (!) Welt herausgestellt wird, ist ein Beispiel für eine dämonisierende und damit antisemitische Deutung des »Konflikts«.

14 Volkhard Knigge, Statt einer Einleitung. Jenseits der Erinnerung – Verbrechensgeschichte begreifen. Impulse für die kritische Auseinandersetzung mit dem Nationalsozialismus nach der Zeitgenossenschaft, in: ders. (Hrsg.), Jenseits der Erinnerung, S. 9–34, hier S. 14.

15 Zit. n. A. Dirk Moses, Der Katechismus der Deutschen, in: Geschichte der Gegenwart, 23.05.2021, online: https://geschichtedergegenwart.ch/der-katechismus-der-deutschen/; Pankaj Mishra, Israel and the delusions of

Germany's »memory culture«, in: The Guardian, 30.01.2025, online: https://www.theguardian.com/news/2025/jan/30/israel-and-the-delusions-of-germanys-memory-culture?CMP=share_btn_url; Responsa, Bad Memory, in: Jewish Dissent, 05.07.2023, online: https://jewishcurrents.org/bad-memory-2.

16 Vgl. dazu jüngst Michael Brenner, Diese Konferenz ist eine Schande, in: Süddeutsche Zeitung, 18.03.2025, online: https://www.sueddeutsche.de/kultur/israel-konferenz-antisemitismus-brenner-gastbeitrag-li.3220971?reduced=true. Brenner bringt diese Haltung wie folgt auf den Punkt: »[F]ür die Freunde Israels stellt sich, ähnlich wie für die Freunde der USA, immer weniger die Frage, ob sie Israel unterstützen wollen, sondern *welches* Israel sie unterstützen wollen: die mit Europas Rechtsextremen verbundene Regierung oder die vielfältige demokratische Opposition« [Herv. C. M.].

17 Vgl. jüngst z. B. Julia Reuschenbach, Geschichtspolitik als Politikfeld. Entstehung, Entwicklung und Akteure am Beispiel der Aufarbeitung der SED-Diktatur, Baden-Baden, 2024.

18 Christian Wiese/Stefan Vogt/Doron Kiesel/Gury Schneider-Ludorff (Hrsg.), Die Zukunft der Erinnerung. Perspektiven des Gedenkens an die Verbrechen des Nationalsozialismus und die Shoah, Berlin/Boston, 2021, S. 1, 4.

19 Marcus Bensmann et al., Geheimplan gegen Deutschland, in: Correctiv, 10.1.2024, online: https://correctiv.org/aktuelles/neue-rechte/2024/01/10/geheimplan-remigration-vertreibung-afd-rechtsextreme-november-treffen/.

20 »Frankfurts Kulturverantwortliche rufen zu einer Lichterkette am Mainufer am 10. Dezember auf«, 10.12.2023, online: https://niewiederist.jetzt/. Dem vorausgegangen war am 09.11.2023 eine Bundestagsdebatte zum Thema »Historische Verantwortung wahrnehmen – Jüdisches Leben in Deutschland schützen«, in deren Verlauf die Formulierung von verschiedenen Rednerinnen und Rednern verwendet wurde; ein Jahr später stand sie dann ganz über einem Antrag der Fraktionen von SPD, Bündnis 90/Die Grünen, FDP und CDU/CSU: »Nie wieder ist jetzt – Jüdisches Leben in Deutschland schützen, bewahren und stärken« (Drucksache 20/13627 vom 5.11.2024, online: https://dserver.bundestag.de/btd/20/136/2013627.pdf).

21 Andrew I. Port, Never Again. Germans and Genocide after the Holocaust, Cambridge, MA, 2023.

22 Vgl. dazu u. a. Christina Morina (Hrsg.), Antisemitismus und Rassismus. Konjunkturen und Kontroversen seit 1945, Göttingen, 2024.

23 So z. B. Cornelius Helmert/Lisa Wagenschwanz/Rosa Sondermann (Hrsg.), Situations- und Ressourcenanalyse. Für die Partnerschaft für Demokratie im Kyffhäuserkreis, Jena, 2024, insb. S. 45–50.

24 Vgl. dazu jüngst Bildungsstätte Anne Frank (Hrsg.), Welcher Fluss und welches Meer? Eine Einordnung der Mythen und Streitpunkte des Israel-Palästina-Konflikts, Frankfurt am Main, 2024.

25 Auch deshalb zitiere ich sie hier aus dem Abschlussbericht des »Gremiums zur fachwissenschaftlichen Begleitung der documenta fifteen«, Februar 2023, S. 16, online: https://www.documenta.de/files/230202_Abschlussbericht.pdf.

26 Middendorf, Kommentar (in diesem Band), S. 122.

27 Hans-Ulrich Wehler, Das Deutsche Kaiserreich 1871–1918, Göttingen, 1973, S. 11.

Teil 1

Zeithistorische Perspektiven auf den Umgang der Deutschen mit dem Nationalsozialismus seit 1945

Ulrike Jureit & Bill Niven im Gespräch mit Christina Morina

Vorbemerkung: Der Überfall der Hamas auf Israel am 7. Oktober 2023, die Massakrierung von 1139 Menschen, die hundertfachen Geiselnahmen und -tötungen sowie die dann folgenden Kriege in Gaza und im Libanon mit Zehntausenden weiteren zivilen Opfern sind eine tiefe Zäsur. Aufgrund der Shoah und ihrer Nachgeschichte berühren diese Ereignisse auch und in besonderem Maße die Bemühungen um eine Vergegenwärtigung der NS-Verbrechen in Deutschland. Die Einleitung und der Kommentar zu diesem Buch befassen sich damit eingehend, und wir haben davon abgesehen, sie nachträglich in die im Februar 2023 geführten Gespräche aufzunehmen. Deren Grundlogik und -inhalte bleiben auch nach dieser Zäsur gültig.

Morina: Herzlich willkommen an Bill Niven und Ulrike Jureit. Sie sind aus Nottingham und Hamburg zu uns nach Bielefeld gekommen, um mit mir in diesem ersten Gespräch über den Umgang der Deutschen mit dem Nationalsozialismus nach 1945 bis in die heutige Zeit zu sprechen. Bevor ich das Wort an sie übergebe möchte ich sie kurz vorstellen und dabei insbesondere nachzeichnen, in welcher Weise beide sich bereits seit Jahrzehnten mit dieser Geschichte beschäftigen.

Ulrike Jureit wurde 1964 in Kiel geboren und studierte ab Mitte der 1980er Jahre Geschichte, Theologie und Sozialpädagogik an der Universität Münster. Von 1991 bis 1995 war sie wissenschaftliche Mitarbeiterin der KZ-Gedenkstätte Neuengamme. Im Jahr 1998 wurde sie an der Universität Hamburg mit einer Arbeit über Erinnerungsmuster promoviert, die sich mit der Methodik lebensgeschichtlicher Interviews mit Überlebenden der Konzentrations- und Vernichtungslager auseinandergesetzt hat. Nach

Postdoc-Stationen in Bielefeld und Hamburg wechselte Ulrike Jureit 2000 an das Hamburger Institut für Sozialforschung und arbeitet seither auch für die Hamburger Stiftung zur Förderung von Wissenschaft und Kultur. Sie hat zum einen maßgebliche Forschungen im Bereich der Sozial- und Kulturgeschichte des 19. und 20. Jahrhunderts vorgelegt, vor allem im Bereich der historischen Gewaltforschung, der Generationentheorie, der Erinnerungskulturen und Gedächtnisforschung, und zwar sowohl in Bezug auf individuelle als auch auf kollektive Erinnerungsprozesse, und zum anderen Arbeiten zu Territorium und Raum in der Moderne. Darüber hinaus war Ulrike Jureit Leiterin des Forschungs- und Ausstellungsprojektes über die Verbrechen der Deutschen Wehrmacht, das heißt, sie war verantwortlich für die Neukonzeption der berühmten ersten Wehrmachtsausstellung *Vernichtungskrieg. Verbrechen der Wehrmacht 1941 bis 1944*, die von 1995 bis 1999 an 34 Orten in der Bundesrepublik und Österreich gezeigt worden war.

Ihre Arbeitsschwerpunkte spiegeln sich selbstverständlich auch in ihren Publikationen wider, von denen ich nur eine kleine Auswahl nennen möchte. Neben ihrer schon genannten Dissertation zur Interviewführung mit Überlebenden hat Ulrike Jureit 2006 ein bis heute gültiges Grundlagenwerk zur Generationenforschung vorgelegt. Außerdem möchte ich ihre Studie *Magie des Authentischen. Das Nachleben von Krieg und Gewalt im Reenactment* aus dem Jahr 2020 erwähnen.[1] Die für unseren heutigen Zusammenhang vielleicht einschlägigsten Bücher hat sie 2010 und 2012 publiziert, zunächst 2010 das gemeinsam mit Christian Schneider verfasste Buch *Gefühlte Opfer. Illusionen der Vergangenheitsbewältigung* und 2012 den gemeinsam mit Margrit Fröhlich und Christian Schneider herausgegebenen Band *Das Unbehagen an der Erinnerung. Wandlungsprozesse im Gedenken an den Holocaust.*[2] Beide sind im besten Sinne kritische Bestandsaufnahmen des öffentlichen, kulturellen und wissenschaftlichen Umgangs mit den NS-Massenverbrechen in der jüngsten Zeit.

Bill Niven wurde 1956 im Südwesten Schottlands geboren. Er studierte ab Mitte der 1970er Jahre an der University of St. Andrews. 1984 promovierte er ebendort mit einer Arbeit über *The Reception of Friedrich Hebbel in Germany in the Era of National*

Socialism, so der Titel der Arbeit.[3] Nach seiner Promotion lehrte er Mitte der 1980er Jahre an der Universität Klagenfurt, Österreich, bevor es ihn nach München zog, wo er bis 1993 für Siemens arbeitete. 1993 ging Bill Niven zurück nach Großbritannien und war zunächst für einige Jahre als Lecturer im German Department der University Aberdeen beschäftigt. Er wechselte 1998 an die Nottingham Trent University, wo er von 2005 bis 2020 Professor für deutsche Zeitgeschichte war. Sein besonderes Engagement galt dort dem Aufbau und auch der Weiterführung eines Master- und PhD-Programms im Bereich der Holocaust und Genocide Studies, das es damals noch nicht gab. Bill Niven ist Spezialist für die Geschichte und Nachgeschichte des Nationalsozialismus, für DDR-Geschichte und -Erinnerung, deutsche Film- und Literaturgeschichte des 20. Jahrhunderts sowie die Geschichte von Denkmalen, Mahnmalen und Gedenkkulturen im 20. und 21. Jahrhundert.

Auch Bill Niven hat ein umfangreiches Werk vorgelegt und auch in seinem Fall kann ich nur einige ausgewählte Arbeiten nennen. Nach der Dissertation zur Hebbel-Rezeption im Nationalsozialismus wandte er sich der deutschen Erinnerungskultur zu, zunächst mit einem heute immer noch sehr lesenswerten Aufsatz über die mediale Rezeption von Steven Spielbergs *Schindlers Liste* im Nachvereinigungsdeutschland, 1995 im *Journal of European Studies* erschienen. 2002 erschien seine für unser Thema zentrale Studie *Facing the Nazi Past: United Germany and the Legacy of the Third Reich*.[4] Er hat weitere Monografien beziehungsweise Sammelbände zum deutschen Opferdiskurs, *Germans as Victims* (2006), zur Geschichte und Nachgeschichte des Konzentrationslagers Buchenwald, *The Buchenwald Child* (2007), sowie zur Geschichte und Erinnerung an den *Untergang der Wilhelm Gustloff* (2011) veröffentlicht.[5] Und zuletzt möchte ich auch noch auf einen gemeinsam mit Stefan Berger herausgegebenen Band zum Thema *Writing the History of Memory* verweisen, der 2014 erschien, eine Sammlung von Aufsätzen, die sich mit der Rolle der Erinnerung in der und für die Geschichtsschreibung auseinandersetzen.[6] Sie sehen also unsere Expertin und unseren Experten bestens gerüstet. Und jetzt freue ich mich auf Ihren Impuls, Frau Jureit.

Impuls 1: Ulrike Jureit

Vielen Dank für die Einladung und die Einführung, die einmal wieder zeigt, wie schnell die Jahre doch vergangen sind. Ich habe als Ausgangspunkt Folgendes gewählt: Wir leben nicht nur, wie unser Kanzler sagt, in einer Zeitenwende, sondern wir erleben auch einen geschichtskulturellen Umbruch. Ich habe versucht, anhand von drei Aspekten – es gibt sicherlich viele mehr – herauszuarbeiten, was diesen Umbruch ausmacht. Und damit werden auch schon einige Gesichtspunkte genannt, über die wir heute reden und diskutieren wollen.

Den ersten Aspekt sehe ich darin, dass wir fast 80 Jahre nach Kriegsende endgültig und definitiv in eine Zeit übergehen, in der es keine biografischen Erinnerungen mehr an den Nationalsozialismus gibt. Als ich in den 1990er Jahren begann, in einer Gedenkstätte zu arbeiten, war auch schon davon die Rede, dass die Zeitzeugen sterben. Und heute sind jene, die im Krieg geboren wurden, 80 Jahre alt. Klar wird: Ja, natürlich gibt es glücklicherweise noch Augenzeugen, die auch noch im hohen Alter davon erzählen können, was ihnen widerfahren ist, aber in der Breite gibt es diesen biografischen Bezug nicht mehr. Wir müssen zeitgeschichtlich einfach akzeptieren, dass es eine erlebnisbezogene Erzählung zu dieser Zeit nicht mehr geben wird.

Was bedeutet das? Auf vielerlei Ebenen sind damit natürlich persönliche Verluste verbunden, das ist das eine, aber wissenschaftlich und auch geschichtskulturell bedeutet es auch, dass die Impulse gerade auch der Überlebenden – wir sprechen ja heute über NS-Erinnerung – sich nicht mehr mit unserer Beschäftigung weiterentwickeln werden. Sicher: Wir haben Quellen gesammelt, schriftliche Berichte, Filme, Videos, es gibt sehr viel Material, aber dieser Stand wird sozusagen eingefroren. Er entwickelt sich nicht mehr weiter, und das wird Auswirkungen haben auf unsere Geschichtsschreibung, aber natürlich auch auf das, was wir Geschichts- oder Erinnerungskultur nennen.

Ein zweiter Punkt ist, dass wir in einem Umbruch leben, den ich beschreiben würde als Pluralisierung von Geschichtsbildern. Diese Tendenz besteht sicherlich schon etwas länger, aber die

Fragen, die sich gegenwärtig damit verbinden, sind doch sehr kontrovers. Gerade die Debatte um den Postkolonialismus und die Vergleichbarkeit von kolonialen und nationalsozialistischen Verbrechen verdeutlicht aktuell noch einmal, welches kontroverse Potential in der Pluralisierung von Geschichtsbildern steckt. Welche Bedeutung hat oder soll der Holocaust in dieser Vielfalt von Geschichtsbildern haben, die sich schlichtweg aus den demografischen und kulturellen Veränderungen unserer Gesellschaft – Stichwort Einwanderungsgesellschaft – ergibt? Welchen Platz haben andere Verfolgungs-, andere Kriegserfahrungs- und Fluchtgeschichten? Daran wird ja noch einmal deutlich, wie stark sich der Gegenwartsbezug jeweils auswirkt, wenn wir solche Debatten führen und wir es ständig mit Ent- und Rekontextualisierungsproblemen zu tun haben. Hierbei ist auch das Stichwort Vergleichbarkeit entscheidend, darauf kommen wir aber sicherlich noch zu sprechen.

Der dritte Punkt, den ich nennen möchte, bezieht sich darauf, dass es sich in den letzten 20–30 Jahren fast schon festgesetzt hat, dass eigentlich jegliches Reden über Vergangenheit als Erinnern missverstanden wird. Die Zeitgeschichte tut gut daran, nicht nur das inflationäre Reden über Erinnerung, sondern auch die dahinterstehende Theoriebildung entschiedener zurückzuweisen. Wir müssen zu einer kritischen Auseinandersetzung mit den Begrifflichkeiten kommen. In der Übertragung eines individuellen Erinnerungsbegriffs auf kollektive Prozesse liegt theoretisch sehr viel im Argen. Der Diskurs ist stark verengt, es wird ja kaum noch zwischen verschiedenen Formen der Vergangenheitsbeschäftigung unterschieden.

Was verbirgt sich mittlerweile eigentlich alles hinter diesem Erinnerungsbegriff? Ich bin davon überzeugt, dass der Begriff analytisch mehr Fragen aufwirft, als er Antworten gibt, und dass er auch das, was eigentlich Geschichtskultur mit all den Facetten, die sie beinhaltet, ausmacht, eher verkleistert, als dass er uns tatsächlich analytisch weiterbringt. Der bereits genannte Umbruch fordert uns daher auch dazu auf, eine kritische Bilanz zu ziehen über das, was sich nach 1989/1990 geschichtspolitisch, aber auch erinnerungskulturell in Deutschland entwickelt hat. Wir haben es mit einer ganz spezifischen Ausprägung von Erinnerungskultur zu tun, bei der wir doch heute auch sehen, wie stark sie verengt war, wie stark sie sich auf bestimmte Opfergruppen, auf bestimmte Themen, auf bestimmte Darstellungsformen fokussiert hat. Und wir müssen schon kritisch fragen: Geht diese Aufarbeitungsära, wie Martin Sabrow das vor kurzem genannt hat, zu Ende? Befinden wir uns in einer fundamentalen Krise? Und ist mit dieser Krise auch eine Krise des Historischen generell verbunden? Das finde ich eine spannende Frage, gerade wenn wir uns aktuelle Debatten um Straßenumbenennungen, über den Umgang mit Denkmalen, mit historischer Materialität anschauen, dann ist die Krise des Historischen unübersehbar. Und diese Infragestellung wird ein zentrales Thema sein, mit dem wir uns in den nächsten Jahren zu beschäftigen haben.

Impuls II: Bill Niven

Danke für die Einladung und auch für die anregenden Gedanken, liebe Frau Jureit. Ich wollte eigentlich vorlesen, aber ich mache es doch anders. Ich gehe ein bisschen weiter zurück. Als ich das Buch *Facing the Nazi Past* schrieb, war es mein Wunsch darzustellen, dass sich Deutschland nach der Wiedervereinigung der Nazivergangenheit auf eine Art und Weise geöffnet hatte, die wirklich neu war, also: dass das Ende der DDR und das Ende der alten Bundesrepublik eine Sicht auf die Vergangenheit ermöglichte, die vorher wegen des Kalten Kriegs einfach nicht möglich gewesen war. Vor 1990 hat es die Tendenz gegeben, die Schuld immer auf die andere Seite der Mauer zu schieben. Für den Westen existierte der Faschismus weiterhin, sozusagen in Form von Kommunismus in der DDR. Das war die eine Vorstellung. Und in der DDR dachte man, dass der Nationalsozialismus, der Faschismus in abgeschwächter Form noch im kapitalistischen Westen existierte. Nach der Wende, nach der Wiedervereinigung war diese Konkurrenz vorbei.

Ich habe in *Facing the Nazi Past* sehr positiv über die Entwicklung der Aufarbeitung geschrieben, was mir damals auch einige Kritik eingebracht hat. Ich meine, im Nachhinein durchaus auch zu Recht, aber immerhin fand ich viele Belege für meine

These. Und dann war ich sehr überrascht, als die Diskussion um die »Deutschen als Opfer« losging, so um 2006/2007 herum. Plötzlich war das Thema Deutsche als Kriegsopfer, als Opfer von Flucht und Vertreibung zum Beispiel oder von Bombenkrieg stark im Vordergrund, in den Medien, auch im Fernsehen, auch in vielen Dokumentarfilmen.

Ich kann mich an eine Konferenz in London erinnern, wo ein führender deutscher Historiker berichtete, dass er gerade in der *Bild-Zeitung* von einem Fernsehzweiteiler zum Thema Wilhelm Gustloff (*Die Gustloff*, Regie Joseph Vilsmaier, 2008) gelesen habe. Er konnte nicht verstehen, wieso dieser Zweiteiler über den Untergang der *Gustloff* am 30. Januar 1945 gedreht worden sei. Und dann sei ein junger Mann aufgestanden und habe zu ihm gesagt: »Habe ich das richtig verstanden, Sie glauben, dieses Thema solle man nicht darstellen? Man soll das Leiden und den Tod vieler deutscher Flüchtlinge an Bord des Schiffes also nicht zum Thema einer Fernsehserie machen?« Und der Historiker habe geantwortet: »Nein, angesichts der deutschen Verantwortung für den Zweiten Weltkrieg finde ich es nicht gut, dass diese Serie gemacht wird.« Der junge Mann habe erwidert: »Sie haben kein Herz.«

Das war ein wichtiger Punkt für mich, weil ich bis dahin diesen Diskurs um das Thema »Deutsche als Opfer« sehr skeptisch betrachtet hatte. Auch wichtig war ein anderes Erlebnis. Ich war damals in einem Literaturkurs der Volkshochschule in München. Ich habe von meinem Vorhaben berichtet, ein Buch über die *Wilhelm Gustloff* herauszugeben. Dann haben die Teilnehmerinnen – es waren ausschließlich Frauen, die meisten älter als ich – angefangen, davon zu sprechen, dass ihre Familien am Kriegsende geflüchtet oder vertrieben worden sind. Und ich habe gesagt: »Wieso habt ihr nie davon gesprochen?« »Ja, du hast nie danach gefragt«, war die Antwort. Und: »Wegen der Verbrechen der Deutschen im Zweiten Weltkrieg, wegen des Holocaust, hatten wir das Gefühl, wir sollten das Leid unserer eigenen Familien nicht ansprechen. Das gehört sich nicht. Wir schämten uns so wegen der deutschen Geschichte.« Übrigens sei das Thema Flucht und Vertreibung lange von rechtslastigen Revisionisten besetzt gewesen: »Wir wollten nicht, dass unsere

Erinnerung missverstanden oder missbraucht wird.« Es war eine verinnerlichte Einstellung. Und dann dachte ich mir, da entwickelt sich etwas in der deutschen Erinnerungslandschaft. Es wird möglich, Vergangenheiten, also die Tätervergangenheiten und die Opfervergangenheiten, irgendwie in Zusammenhang zu setzen, ohne zu relativieren. Und das fand ich schon eine sehr wichtige Entwicklung.

In einem viel später veröffentlichten Buchkapitel in dem Sammelband *Aufarbeitung des Nationalsozialismus* (2021) habe ich die These aufgestellt, dass es so etwas wie eine »postmoralisierende Erinnerung« gibt.[7] Es ist möglich, Vergangenheiten nebeneinanderzustellen, über unterschiedliche Vergangenheiten zu sprechen, über Täterschaft und Opfer, ohne irgendwas schmälern oder verkleinern zu wollen. Ich hatte oft das Gefühl, dass die Deutschen unter dem moralischen Zeigefinger leiden. Es gab niemals Tabus, aber es gab schon die Vorstellung, über bestimmte Themen darf man so, aber nicht so sprechen, zum Beispiel, dass man nicht über die deutschen Opfer von Vertreibung reden kann, ohne vorher und auch nachher explizit den Holocaust zu erwähnen. Ich denke, inzwischen ist das Vertrauen gewachsen, dass man ohne relativierende Absicht über deutsche Opfer reden kann. In letzter Zeit habe ich mich dann wieder gefragt, ob dieser Prozess der Öffnung gegenüber der nationalsozialistischen Vergangenheit wirklich abgeschlossen ist. Die Holocausterinnerung ist jetzt zentral. An andere Gruppen wird auch erinnert, an die Sinti und Roma zum Beispiel, an die Homosexuellen, aber nach wie vor werden bestimmte Gruppen ausgegrenzt. Dieser Prozess der Inklusion, den ich in meinem Buch beschrieben habe, dauert also an.

Wahrscheinlich dürfen wir auch nicht denken, dass diese Erinnerung, dieser Erinnerungsprozess an die Nazivergangenheit irgendein Ende erreichen kann. Es gibt immer irgendetwas, was noch Berücksichtigung finden muss. Ich komme jetzt auf ein Thema zu sprechen, das besonders hier in Bielefeld sehr wichtig ist. Es ist eine Schande, dass die Ermordung von über drei Millionen sowjetischen Kriegsgefangenen im Grunde nach wie vor in der deutschen Erinnerung kein Thema ist. Es hilft natürlich nicht, dass Russland gerade Krieg gegen die Ukraine führt. Aber die Tatsache, dass die Russen das tun, was sie jetzt tun, ist kein Grund, nicht an das, was die Deutschen damals verbrochen haben, zu erinnern. Das, würde ich sagen, ist gerade jetzt wichtig.

Auch zum Thema Zeitzeugen möchte ich etwas sagen. Ich war an einem Projekt beteiligt, 3D-Zeugnisse von Holocaustüberlebenden zu erstellen. Wir haben Fragen gestellt und diese Fragen mit den entsprechenden Antworten in einer Datenbank gespeichert. Wenn die letzten Holocaustüberlebenden verstorben sind, werden sie sozusagen als Hologramme weiterleben, und hoffentlich, wenn Zuhörer und Zuhörerinnen Fragen stellen, wird die Spracherkennungssoftware in der Datenbank die passende Antwort finden. Es steckt so viel Angst in uns vor der Zeit ohne Zeitzeugen. Für die Erinnerungskultur ist es eine wichtige Aufgabe, andere Formen von Vermittlung zu entwickeln, wenn wir die Überlebenden nicht mehr unter uns haben. Das werden vielleicht einige begrüßen, die glauben, dass wir sowieso zu viel Gewicht auf das legen, was Überlebende sagen. Aber insgesamt stellt uns der Verlust der Zeitzeugen vor große Probleme beim Weitergeben der Erinnerung.

Zum Schluss noch ein Punkt zur Pluralisierung. Am Anfang der 1990er Jahre hieß es: Wie bringt man die Erinnerung an den Nationalsozialismus und den Stalinismus zusammen? Dann kam die Frage: Wie bringen wir die Erinnerung an die Opfer der Deutschen und an die deutschen Opfer von Flucht und Vertreibung zusammen? Und jetzt haben wir eine neue Debatte, in der es um den Kolonialismus geht und das, was den Herero und Nama angetan worden ist: Wie bringen wir die Geschichte des Kolonialismus in Zusammenhang mit dem Holocaust, ohne zu relativieren? Eine sehr wichtige Frage.

Aber was bedeutet Relativierung? Was verstehen wir darunter und wie ist sie gerade jetzt zu vermeiden, wenn die Debatte oft von extremen Positionen aus geführt wird – Stichwort »multidirektionale Erinnerung«, auf die wir ja sicher gleich noch kommen.[8] Zum Beispiel wird behauptet, in Deutschland gebe es keine multidirektionale Erinnerung an Genozide. Das stimmt nicht. Warum werden solche Extrempositionen zum Ausdruck gebracht? In Zeiten eines Umbruchs gibt es manchmal eine Ideologisierung oder Politisierung der Standpunkte. Wenn zum

Beispiel von den postkolonialen Denkern betont wird, es müsse doch möglich sein, Kolonialismus oder die Geschichte der Nakba mit dem Holocaust zu vergleichen, hat man den Eindruck, dass das Bemühen um Multidirektionalität auf die Diskreditierung Israels zielt. In dieser postkolonialen Genealogie der Gewalt mutieren die Opfer, die Juden, zu Tätern, indem sie genau die koloniale und genozidale Politik praktizieren, die zum Holocaust führte. Die verabsolutierende Behauptung, es gebe in Deutschland keine Bereitschaft, den Holocaust in vergleichender Perspektive zu betrachten, hat das Ziel, die deutsche Holocausterinnerung als fetischartiges Festhalten an der Einzigartigkeitsthese abzutun, ein Festhalten, das dann die angeblich fehlende Bereitschaft in Deutschland, Israel zu kritisieren, erklären soll. Leider finden solche Thesen immer mehr Eingang in die Memory Studies, also in die Erinnerungsforschung, und wer diesen Thesen nicht zustimmt, wird ausgegrenzt. So zumindest meine Befürchtung.

Morina: Vielen Dank für diese ersten Gedanken und Stichpunkte, die ich gern mit in unser Gespräch aufnehmen werde. Vielleicht zunächst einige wenige Worte zur grundsätzlichen Struktur unseres Gesprächs. Wir wollen uns in dieser ersten Runde unter Historikerinnen beziehungsweise Historikern genau dieser zuletzt von Bill Niven genannten Debatten- und Sachstandslage widmen. In der Tat wird erstaunlich oft erstaunlich unsachlich und gar faktenfrei über die sogenannte deutsche Erinnerungskultur gesprochen. Deshalb fragen wir im Folgenden nach dem zeithistorischen Wissensstand zur Geschichte der Erinnerungskultur seit 1945 und versuchen, diesem Gegenstand »Erinnerungskultur« etwas näherzukommen, analytisch zu fassen, was damit eigentlich gemeint ist und wie darüber bislang geforscht wird und werden sollte. Was ist Erinnerungskultur eigentlich, wenn sie als historischer Gegenstand betrachtet wird? Wie lässt sich die Geschichte der deutschen Erinnerungskultur in groben Zügen seit 1945 beschreiben?

Jureit: Grobe Entwicklungslinien sind da nicht ganz einfach zu ziehen. Ich würde sagen, wir müssten sogar schon in die Zeit vor 1945 gehen, denn meines Erachtens beginnt die Transformation der Volksgemeinschaft in eine Opfergemeinschaft spätestens mit Stalingrad. Also das Selbstverständnis, selber Opfer dieses Krieges zu sein, auch Opfer Hitlers, beginnt spätestens mit der Niederlage der Deutschen Wehrmacht vor Stalingrad. Nach 1945 gibt es eine Phase, in der gerade durch den alliierten Einfluss noch ein breiteres Wissen vorhanden war, wie dieser Krieg geführt, in welchem Ausmaß Menschen verfolgt und welche Kriegsverbrechen begangen wurden. Das veränderte sich dann in den 1950er Jahren mit der Fokussierung auf die so empfundenen eigenen Opfer und einer gleichzeitigen, doch sehr rigiden Ausblendung der Verbrechen und damit auch der Opfer dieser Verbrechen, vor allem im sogenannten besetzten Osten, was durch die Nachkriegskonstellation der Teilung in Ost und West noch stark befördert wurde. Diese Zeitspanne reicht bis etwa Mitte, Ende der 1960er Jahre, denn zu dieser Zeit beginnen die NS-Prozesse, unter anderem der Auschwitz-Prozess, vorher schon der sogenannte Einsatzgruppen-Prozess, weiterhin haben wir die Studentenbewegung, also der generationelle Konflikt, der aufbricht. Ich würde die Studentenunruhen nicht nur, aber auch unter diesem Aspekt des Generationenkonflikts sehen, der die Fragen der Verantwortung und der Schuld derjenigen Generationsangehörigen, die den Nationalsozialismus als verantwortlich Handelnde erlebt haben, öffentlich verhandelte.

Und wir haben anschließend den Beginn einer Aufarbeitung, die ja gar nicht unbedingt an der Chiffre »1968« festzumachen ist, sondern die eigentlich erst im Nachklang beginnt, also in den 1970er und 1980er Jahren, immer auch durch Impulse der Überlebenden beziehungsweise der Angehörigen initiiert, die bis weit in die 1980er Jahre hinein oft diejenigen waren, die vor Ort Gedenkstätten oder zumindest Gedenktafeln einforderten. Wir reden in diesem Kontext, zumindest in Westdeutschland, über sehr überschaubare Orte. Erst dann setzt eine Dynamik ein, von der viele sagen, dass sie mit der Serie *Holocaust* zu tun habe. Ich meine, dass man das etwas breiter fassen muss. Dieser Beschäftigungs- und Erinnerungsboom hat meiner Meinung nach zum einen etwas mit dem Abtreten der sogenannten Erlebnisgeneration seitens der Täter und Täterinnen zu tun, zum anderen mit der Entstehung einer nun stärker demokratisierten Gesellschaft, zumindest in Westdeutschland.

Im Sinne der groben Linien kommen wir dann zu den Veränderungen mit und nach der Vereinigung. Wir haben 1989/1990 eine Gedenkstättenlandschaft, die sich in den sogenannten neuen Bundesländern ganz anders darstellt als im Westen. Diese Konstellation hat viel Bewegung erzeugt und auch zu einer veränderten Rolle des Staates geführt. Der deutsche Staat hat damals begonnen, sich dieses Themas und seiner Institutionalisierung anzunehmen. Wenn in den 1980er Jahren jemand gesagt hätte, wir werden im Jahr 2022 Gedenkstätten mit Millionenbudgets haben, dann hätten das die meisten wohl für unvorstellbar gehalten. Wir haben eine Entwicklung durchlaufen nach 1989/1990, die sehr viel verändert und in der sich auch die Rolle der Überlebenden, die Rolle des deutschen Staates und auch die der Wissenschaft gewandelt haben.

Niven: Ja, das sehe ich auch so, obwohl ich mich manchmal frage, ob diese Einteilung, die Sie gerade beschrieben haben und die ich auch so beschreiben würde, immer unbedingt stimmt. Die 1950er Jahre haben einen schlechten Ruf, und doch passierte vieles. Ich habe vor kurzem ein Buch zu Veit Harlans Film *Jud Süß (1940)* herausgebracht.[9] Und ich bin der Geschichte der Rezeption dieses Filmes in den 1950er Jahren nachgegangen, einschließlich der Streitereien nicht nur um den Film, sondern vor allem auch um Harlan, den Regisseur: Darf er noch weiterhin in der Öffentlichkeit auftreten, darf er neue Filme machen? Und als seine Filme gezeigt wurden, kam es immer wieder zu lautstarken Protesten. Das ging durch die ganzen 1950er Jahre hindurch so. Es setzten sich immer bestimmte Gruppen für ihn ein, andere verlangten einen Boykott seiner Filme und eine Versöhnung mit Israel. Wir können den Mann, der *Jud Süß* gemacht hat, so ihr Argument, nicht einfach weitermachen lassen, als wäre nichts geschehen.

Dann gab es auch Diskussionen darum, ob das demokratisch in Ordnung sei, seine neuen (und auch alten) Filme nicht zu zeigen. Schließlich ist er entnazifiziert und freigesprochen worden. Was ich sagen will: Es gab eine Auseinandersetzung um Harlan und andere ähnliche Debatten in den 1950er Jahren, aber die um Harlan dauerte am längsten. Ich denke, wir haben manchmal ein Bild von der Vergangenheitsbewältigung, das etwas revidiert werden muss, auch wenn die groben Linien ungefähr stimmen. Und obwohl die Vorstellung, dass die deutsche Erinnerungsgeschichte seit 1945 insgesamt progressiv verlaufen ist, zumindest in Westdeutschland, sicherlich richtig ist, übersehen wir manchmal das Wellenartige an diesem Verlauf. Ich kann mich erinnern, als die Serie *Holocaust* 1979 in der Bundesrepublik im Fernsehen gezeigt wurde, hat sie starke Emotionen ausgelöst. 30.000 Menschen meldeten sich beim Sender (WDR) und waren erschüttert. Es gab aber auch eine Gegenreaktion. 1981 wurde bei der ARD eine dreiteilige Fernsehdokumentation zum Thema Flucht und Vertreibung der Deutschen ausgestrahlt, die als eine Art Korrektiv oder Pendant zu der *Holocaust*-Serie verstanden werden kann. Wie Sie richtigerweise gesagt haben, war die Fokussierung auf deutsches Leid in den 1950er Jahren schon sehr stark, aber was war neu an der »Wiederentdeckung« dieser Thematik in den 1980er Jahren oder später? Was war anders? Ich frage mich, ob wir nicht zu starr von Phasen reden. Wir sollten mehr von Reaktionen und Gegenreaktionen reden, die gleichzeitig einen anderen Charakter haben, wenn sie wieder auftreten.

Jureit: In den 1950er Jahren hat die Auseinandersetzung vor allem biografische Bezüge gehabt. Die Deutschen haben miteinander über ihre *eigenen* Erlebnisse gesprochen, wenn überhaupt. Das heißt, es ging um die Verarbeitung eigener Kriegserfahrungen, während wir Mitte der 2000er Jahre eine intensivere Auseinandersetzung mit tradierten Familiengeschichten hatten. Das entspricht ja auch der Erfahrung, die wir während der beiden Ausstellungen über die Verbrechen der Wehrmacht gemacht haben. In dem Moment, in dem ein öffentlicher Diskurs Überschneidungen zeigt mit familiären Erinnerungen, geht die Emotionalität hoch. Wir haben öffentliche Debatten, die viele Menschen nicht erreichen, weil sie das Gefühl haben, das dort Verhandelte habe nichts mit ihnen zu tun. Es habe nichts mit ihren Erinnerungen, mit ihrer Familie, mit ihrer biografischen Erfahrung, mit ihren Erzählungen, mit den Geschichten, die sie kennen, zu tun, sondern das sei ein allgemeiner Diskurs in der Öffentlichkeit, dem sie eher distanziert gegenüberstehen. Und nach 1995, nachdem die erste Ausstellung eröffnet war, ist ja genau das eingetreten, dass die Menschen plötzlich gemerkt haben: Das, was ich da in der Ausstellung sehe, das hat etwas mit mir zu tun, das hat etwas mit meiner Familie zu tun, über die ich bestimmte Dinge weiß oder auch nicht weiß. Auf jeden Fall brachte das eine Emotionalität und auch eine Kontroversität hervor, die vielleicht, wenn überhaupt, am ehesten vergleichbar ist mit der Debatte über das Berliner Holocaust-Mahnmal.

Aber das haben wenige öffentliche Debatten geschafft, und ich glaube, das liegt daran, dass es um Familiengeschichten ging, um Menschen, die angefangen haben, über die Mitwirkung und das Wissen der eigenen Verwandten nachzudenken oder aber auch über ihre eigene Kindheit im Krieg. Letzteres war damals ein großes Thema, das Aufwachsen ohne Vater, Kindheitserlebnisse, Kindheitstraumata durch Bombardierung und andere Erlebnisse. Das sind Impulse, die emotional anders gelagert sind und die dadurch der Debatte noch andere Konnotationen verliehen haben.

Morina: Und das Bemerkenswerte daran ist ja, dass die Wehrmachtausstellung, wie sonst eigentlich kein anderer Bereich, eine gesellschaftliche breite Auseinandersetzung mit der Frage der Schuld, der Täterschaft, der Mitwirkung und Verantwortung für die innerhalb und außerhalb Deutschlands verübten Verbrechen hervorgebracht hat. Die Debatte um das Holocaustmahnmal hat meines Erachtens nicht eine derartige gesellschaftliche Tiefe erreicht, wie sie schlaglichtartig in jener denkwürdigen Bundestagsdebatte zur Wehrmachtausstellung vom März 1997 zum Ausdruck gekommen ist. Anlass dafür war der Antrag einiger Abgeordneter von Bündnis 90/Die Grünen, die Wehrmachtausstellung auch in den Räumen des Bundestages zu zeigen. Im Verlauf dieser Debatte wurden extrem persönliche, eindringliche Reden gehalten, die die ganze Vielfalt und Widersprüchlichkeit in den gesellschaftlichen Positionen zu diesen Fragen bis in die Familien hinein repräsentierten.[10] Und das Erstaunliche ist doch, dass es eigentlich keinen einzigen Ort in Deutschland gibt, wo – korrigieren Sie mich – in einer Gedenkstätte oder in einem Museum genau dieser Zugang zur NS-Geschichte im Zentrum steht. Vielmehr gibt es – mit gutem Recht – die Opferorte und es gibt, mit ebenso gutem Recht, die Täterorte. Das Gedenken ist im Großen und Ganzen nach wie vor nach diesen Kategorien sortiert.

Selbstverständlich thematisiert heute jede gute Ausstellung die gesellschaftlichen Grundlagen des Nationalsozialismus, aber diese Zentralperspektive, die die Wehrmachtausstellung den Leuten abforderte und sie aber auch ermöglichte, ist nach all diesen Jahrzehnten der Vergangenheitsbewältigungsarbeit noch immer erstaunlich unterbelichtet. Würden Sie dem zustimmen?

Niven: Ich hatte den Eindruck, dass zumindest ein Grund, warum die Wehrmachtausstellung so gewirkt hat, noch mit diesem Mythos zu tun hatte, also mit der Idee, dass die Wehrmacht irgendwie sauber war. Und das war ein Mythos, der sich aufrechterhalten hat, auch in vielen Familien. Ich frage mich, ob es nicht ein Schock war für viele Mitglieder der jüngeren Generationen, zu erleben, was ihre Väter oder Großväter im Krieg vielleicht oder tatsächlich gemacht haben, was sie an Untaten verbrochen haben. Die Wehrmachtausstellung hat viele Bilder von der vermeintlich sauberen Wehrmacht zerschmettert. Auch wenn diese Bilder durch die historische Forschung schon korrigiert worden waren, bestand ein öffentliches Defizit an Wissen zu dem Thema. Da hat die Wehrmachtausstellung richtig eingeschlagen. Ich meine, sie war deswegen so wichtig, weil man bis dahin immer mehr Bereiche an Verantwortung für die NS-Verbrechen aufgemacht hatte, aber dass die Verantwortung auch bei der Wehrmacht lag, in der so viele Deutsche als Soldaten gedient hatten, also so viele normale Deutsche, nicht nur der SS-Mann oder der SD-Mann, sondern der normale Wehrmachtssoldat ...

Morina: 18 Millionen Männer, die in der Wehrmacht gedient haben ...

Niven: ... das war offensichtlich vielen nicht so klar gewesen. Und es war ein Aufmachen Richtung Schuld, das es in dem Ausmaß vorher nicht gegeben hat: also eine gesamtgesellschaftliche Verantwortung für den Nationalsozialismus, für die Gräueltaten im Osten, für den Holocaust. Diese gesamtgesellschaftliche Verantwortung wurde in einer breiten öffentlichen Debatte erreicht, die neu war. Ich habe das auch selber erlebt in München, als die Ausstellung dort gezeigt wurde. Ich kann mich an keine andere Debatte erinnern, die von so vielen Protesten, Bombenanschlägen und -drohungen und Krawallen begleitet wurde, auch weil sehr, sehr viel auf dem Spiel stand.

Jureit: Ja, das finde ich eine richtige Formulierung. Es stand sehr viel auf dem Spiel, und das war natürlich auch der Grund für die berechtigte Kritik, die es dann an der ersten Ausstellung 1998/1999 gegeben hat. Daraufhin musste gehandelt werden, denn es stand tatsächlich sehr viel auf dem Spiel. 18 Millionen Soldaten, das heißt ja, es hat faktisch kaum eine Familie gegeben, für die das kein Thema war. Es ist sehr selten, dass historische Debatten eine solche Tiefe erreichen. Wir müssen aber leider auch feststellen, dass jetzt, 20 Jahre später, dieses Wissen scheinbar wieder verloren geht. Das ist etwas, über das wir nachdenken müssen, nicht nur geschichtskulturell, sondern auch in der Zeitgeschichtsforschung. Wir haben diese Konjunkturen, ich stimme Ihnen da völlig zu, diese Phasen sind zu grob. Da gibt es immer Schwankungen und immer wieder auch Gegenbewegungen, aber wir sind jetzt in einer Phase, wo man sagen muss: Vor 20 Jahren war in der deutschen Gesellschaft ein Wissen vorhanden, das teilweise schon sehr ausgeprägt und dezidiert war. Das gibt es so nicht mehr. Ich erlebe jetzt Debatten, in denen man sich fragt: Geht dieses Wissen wieder verloren? Wie nachhaltig sind solche Diskussionen mit all dem, was damit zusammenhing – Publikationen, Tagungen, Veranstaltungen, Fernsehsendungen, Bundestagsdebatten?

Morina: Wenn ich noch einmal Ihre beiden Antworten auf diese erste Frage aufnehmen darf: Sie haben diese Entwicklungslinie etwas nachgezeichnet, Frau Jureit: Wie sich im Lauf der Zeit ein sehr stark aus der Gesellschaft herauskommendes, generationendynamisches Erinnerungsengagement entwickelt hat, das irgendwann in einer Art progressiven Schubwirkung auch staatliches Handeln forciert hat, und all das, was heute für uns selbstverständlich staatlicherseits an Erinnerungskulturförderung stattfindet, ist erst in den 1990er Jahren in dieser Weise entstanden. Das ist ein wichtiger Hinweis, denn damit ist eine ganze Reihe von Veränderungen einhergegangen, die fortan bestimmten und bis heute bestimmen, wie historisches Geschehen und dessen Gedenken in der Gesellschaft verhandelt werden. Sie haben zudem auf das komplexe Bündel an Aktionen, Reaktionen, Widerständen, Für-und-wider-Aushandlungen unterschiedlicher Akteursgruppen hingewiesen, das diesen Wandel antrieb.

Sie haben auch daran erinnert, dass dies ein Prozess ist, in dem stets die Vorstellung mitschwang, dass er irgendwann einmal abgeschlossen oder »vollkommen« sein würde und dass es irgendwann eine endgültige, »fertige« Erinnerungskultur gebe. Dabei lernen wir eigentlich mit dem Blick auf die letzten 70 Jahre, dass dies etwas ist, was ständig in Bewegung ist, öffentlich diskutiert und gesellschaftlich affirmiert, aber immer wieder auch herausgefordert wird – in einer pluralen Gesellschaft eine Selbstverständlichkeit, die aber oft aus den Augen verloren wird. Ich möchte Sie bitten, auf diese Entwicklungsgeschichte in Deutschland nach 1945 in Ost und West noch etwas detaillierter einzugehen – Sie beide forschen und schreiben seit Jahrzehnten dazu. Und was verstehen Sie eigentlich unter »Erinnerungskultur«? Wie haben Sie diesen Untersuchungsgegenstand in Ihren jeweiligen Forschungen konzeptionell umrissen und analytisch gefasst? Ulrike Jureit hat Erinnerungskultur, anknüpfend an einen Definitionsvorschlag von Christoph Cornelißen, als »alle rituellen, ästhetischen, intellektuellen und in der Regel öffentlichen Formen der Vergegenwärtigung von Geschichte« umschrieben.[11] Ich möchte Sie also bitten, etwas detaillierter zu erläutern, mit welchen konkreten Formen und Vergegenwärtigungsprozessen Sie sich in Ihren Forschungen beschäftigen. Vielleicht mögen Sie beginnen, Herr Niven?

Niven: Das ist eine sehr gute Frage. In meinem Buch *Facing the Nazi Past* habe ich mich mit Gedenkstätten beschäftigt, also mit der Entwicklung der Erinnerung in den Gedenkstätten, vor allem in Buchenwald und Sachsenhausen, weil nach 1990 die Geschichte des Speziallagers noch dazukommen musste und auch die Geschichte der anderen Häftlingsgruppen. Ich habe ein Kapitel über die Wehrmachtausstellung geschrieben, die, wie wir gerade festgestellt haben, einen großen Einfluss hatte, und über die Walser-Bubis-Debatte im Jahre 1998 – dabei ging es eher um einen Vortrag und um die Reaktion, die dieser Vortrag ausgelöst hat. *Facing the Nazi Past* enthält auch ein Kapitel zu den Ausstellungen der Gedenkstätte Deutscher Widerstand. Ich habe mich in den letzten Jahren mit Filmen beschäftigt, auch mit Romanen, in denen die Nazivergangenheit behandelt wird. Also für mich manifestiert sich Erinnerung in fast jeder kulturellen

Form, aber was mich am meisten interessiert, sind die Debatten, die dabei ausgelöst werden – zum Beispiel um die Frage: Warum hat die Wehrmachtausstellung die Wirkung gehabt, die sie hatte?

Natürlich war die Wehrmachtausstellung an und für sich eine historische Ausstellung. Die Walser-Rede von 1998 in der Paulskirche war in erster Linie eine Rede über die Rhetorik, also darüber, wie man eine solche Rede halten oder nicht halten soll. Es ging aber in beiden Fällen auch um Erinnerung. Am faszinierendsten für mich sind dabei immer die Reaktionen. Wieso gibt es diejenigen, die die Rede gut finden, und diejenigen, die sie schlecht finden? Auch die Jenninger-Rede zum 50. Jahrestag der Pogromnacht am 10. November 1988 hatte ungeheure Folgen.

Und gerade in den Debatten, die um diese kulturellen Ereignisse toben, wird für mich die Entwicklung in der Erinnerung spürbar. Man merkt, es gibt Leute, die sich so erinnern oder sich so erinnern wollen, und andere, die sich anders erinnern oder sich anders erinnern wollen. Diese prallen aufeinander, und die Frage ist, wie geht das weiter? Kommt es zu einem Konsens oder bleiben diese Positionen starr gegeneinander gerichtet? Für mich ist es diese Debattenkultur, die Deutschland auszeichnet. Die gibt es in Großbritannien nicht. Als ich in den 1990er Jahren in München bei Siemens arbeitete, habe ich die Wehrmachtausstellung hautnah erlebt. Ich dachte, hier redet man über die Vergangenheit, hier streitet man, hier hat man unterschiedliche Meinungen, hier denkt man: Wir müssen uns an irgendetwas erinnern, aber wie? Diese Kultur des Erinnerns durch die Debatte würde ich hier in den Mittelpunkt stellen wollen.

Morina: Und wie ist das bei Ihnen, Frau Jureit?

Jureit: Ich habe im Rahmen meiner Dissertation ein Interviewprojekt mit Überlebenden der Konzentrations- und Vernichtungslager gemacht. In dem Projekt beschäftigte ich mich mit der Frage, wie autobiografische Erzählungen über Verfolgung entstehen, was die Übertragung solcher Erlebnisse in Sprache bedeutet und was es zudem bewirkt, wenn wir diese Interviews als Quellen in der historischen Forschung benutzen. Dieses Projekt führte dazu, mich diesem Thema der Erinnerungskulturen – ich würde auch immer sagen, dass es wichtig ist, jedenfalls hin und wieder einmal den Begriff im Plural zu benutzen – und der

Frage von Gedächtnis, von Traditionsbildung, von narrativer Kanonbildung zu widmen.

Das ist der erste Punkt. Der zweite war das Buch *Gefühlte Opfer*. Das war ja ein Versuch, eine Debatte anzuregen, die fragt, nach welchen Mustern eigentlich dieses oft beschworene Erinnern funktioniert. Wir können feststellen, dass es seit den 1980er Jahren eine für damalige Verhältnisse, wie ich finde, notwendige Hinwendung zu den Opfern gab, eine Empathie für deren Leiden, eine Empathie für ihre Geschichte und für ihre Geschichten und auch eine Würdigung an den jeweiligen Verfolgungsorten, an den Tatorten selbst. Das ist etwas, was in dieser Zeit auch deswegen notwendig war, weil es zwei Herausforderungen gab: zum einen unwiderlegbar nachzuweisen, dass diese Verbrechen wirklich geschehen sind – das war damals ein ganz wichtiger Punkt, das musste ja erst noch durchgesetzt werden, vor dieser Herausforderung stehen wir heute nicht mehr so sehr, obwohl sich das gerade vielleicht wieder ändert – und zum anderen stellte sich die Frage, wie diese Geschichten weitergegeben werden können und sollen.

30 Jahre später sieht die Situation anders aus, und dieser Wandel führte zu dem Buch, in dem es um das Erinnerungsmuster des »gefühlten Opfers« geht, wobei das natürlich doppeldeutig ist im Sinne des Mitfühlens mit den Opfern der Verfolgung und gleichzeitig dem Gefühl, auch selber Opfer von ganz unterschiedlichen Umständen geworden oder gewesen zu sein. Also dieser Opferbegriff ist in seinem Bedeutungswandel, in seiner Konnotation nach 1945 eine interessante begriffsgeschichtliche Herausforderung. Das Buch steht für den Versuch, diese Aspekte ein Stück weit zu problematisieren und zu zeigen, dass die starke Hinwendung zu den Opfern seit etwa den 1980er Jahren natürlich zugleich bedeutete, dass andere Sachverhalte in den Hintergrund getreten oder dort geblieben sind, und wir müssen uns schon fragen, ob wir zukünftig eine Erinnerungskultur haben wollen, die sich von denen in den USA oder in Frankreich oder auch in Israel nicht mehr sonderlich unterscheidet, weil sie sich mit der spezifischen Situation in Deutschland als Nachfolgestaat des NS-Regimes kaum beschäftigt und diesen Teil der Geschichte wenig thematisiert.

Ein weiterer Aspekt meiner Arbeit ist eine geschichtstheoretische Auseinandersetzung mit dem, was unter historischem Erinnern verstanden wird. Ich habe gerade ein Manuskript abgeschlossen über den Erinnerungsbegriff im Werk Reinhart Kosellecks.[12] Das ist eine kritische Analyse der Theoriebildung, vor allem in den Kulturwissenschaften, und auch eine Positionierung der Zeitgeschichte oder der Geschichtswissenschaft zu dieser Theoriedebatte und zur Begriffsbildung der letzten 40 Jahre.

Niven: Glauben Sie, dass die Deutschen sich nicht genug an die Täter erinnern? Ich frage das als Außenstehender, weil ich Ihr Buch auch gelesen habe, und ich finde es sehr gut, dass eine Erinnerungskultur darauf aufbaut, die Opfer anzuerkennen, für die man verantwortlich ist oder die ein Land zu verantworten hat, und die Geschichte dieser Opfer darzustellen. Natürlich muss man dann auch zeigen, wie es dazu gekommen ist. Inzwischen habe ich den Eindruck, es gibt viel mehr Täterbiografien in den Ausstellungen als etwa vor 10 oder 20 Jahren. Ich kann mich natürlich mit dem Täter nicht identifizieren. Das würde nicht gehen. Aber trotzdem muss ich mich mit Täterschaft auseinandersetzen. Ich muss mir vorstellen können, das könnte ich gewesen sein. Okay, es könnte mein Großvater oder mein Vater gewesen sein, aber wenn ich in eine vergleichbare Lage kommen würde, wie würde ich mich verhalten? Man kann praktisch mehr aus der Tätersituation lernen, als wenn man sich mit den Opfern identifiziert.

Jureit: Was wir feststellen können, ist doch, dass es in den letzten 30 Jahren eine sehr dezidierte und differenzierte Täterforschung gegeben hat. Das ist auch ein Unterschied beispielsweise zu den 1980er Jahren, wo das ja erst allmählich begonnen hat. Wir wissen mittlerweile eine ganze Menge darüber. Die Identifikation ist natürlich ein ganz anderes Thema. Gerade, wenn wir den Bereich Ausstellungen nehmen, so gibt es immer noch die Tendenz, dass die dort gezeigten Geschehnisse nahezu ausschließlich anhand von Opferbiografien erzählt werden. Also nehmen wir zum Beispiel den Hannoverschen Bahnhof in Hamburg als ein großes Gedenkstättenprojekt. Da werden viele Biografien gezeigt von denjenigen, die von diesem Bahnhof aus in die Vernichtungslager und Ghettos deportiert wurden. Es gehört doch aber ebenso dazu, sich damit auseinanderzusetzen, welche Institutionen, welche Personen, welche Gruppen in Hamburg daran beteiligt waren. Die Geschichte ist doch wesentlich komplexer, und wir können doch nicht Geschichten erzählen über Deportationen, ohne uns damit zu beschäftigen, wer dafür verantwortlich war, wer davon profitiert hat, wer sie initiiert hat, wer sie durchgeführt hat. Ob man das biografisch oder institutionell darstellt, hängt auch davon ab, welches Material es gibt und welches Wissen darüber vorhanden ist. Aber diese Täter- und Mittäterschaft gehört zu dem Bild dazu, ansonsten ist das schlichtweg der leichtere Weg, sich auf die »gute« Seite der Geschichte zu stellen.

Niven: Ich wollte nur eine Sache dazu sagen, gerade über Bahnhöfe, weil es seit 2007 eine Ausstellung *Zug der Erinnerung* gibt, wo man zeigt, dass die Reichsbahn an der Deportation der Juden maßgeblich beteiligt war.[13] Und zu dem, was Sie darüber gesagt haben, wie schnell Sachen vergessen werden: Diese Ausstellung ist eigentlich ein Beispiel dafür, dass die Verantwortung größerer Organisationen wie etwa der Reichsbahn wirklich so zur Sprache kommen kann. *Zug der Erinnerung* ging durch mehrere Städte, wie ich mich erinnern kann. Sie läuft immer noch. Und doch ist anscheinend in Hamburg nichts davon rezipiert worden.

Jureit: Das zum einen. Und zum anderen hat sich die Deutsche Bahn nicht bemüßigt gefühlt, sich an der Aufarbeitung ihrer Rolle bei den Deportationen maßgeblich zu beteiligen. Es gehört meines Erachtens zu einem breiten, multiperspektivischen Geschichtsbild dazu, diese gesellschaftlichen, politischen und ökonomischen Verankerungen und auch die individuelle Verantwortung in den jeweiligen Institutionen organisationsgeschichtlich und biografisch aufzuzeigen.

Morina: Ihr Gespräch drängt sehr auf eine Annäherung im Plural, für ein Verständnis von Erinnerungskultur*en* oder vielleicht auch für einen Begriff, der besser erfasst, worüber wir eigentlich sprechen, nämlich: Vergegenwärtigungen. Das ist vielleicht doch hilfreich, weil man aus Ihrem Austausch auch lernen kann, wie überladen dieses Feld ist mit Aufgaben, mit selbstgestellten oder aus der Wissenschaft heraus formulierten *historiografischen* Aufgaben, aber auch mit Aufgaben, die aus der Gesellschaft und zuletzt auch aus der Politik heraus gestellt werden. Und wenn man sich den Opfern empathisch zuwenden möchte, inwiefern geht es dabei im engeren Sinne wirklich um Trauern und Gedenken? Oder sollten wir nicht auch stärker den Nachwirkungen nachspüren, Perspektiven wahrnehmen, auch und gerade die der zweiten und dritten Generation, die mit dieser Geschichte noch immer oder wieder in einer Dringlichkeit leben, die wir uns als Nichtbetroffene gar nicht vorstellen können? Und es bedarf natürlich auch weiter, wie Sie zu Recht sagen, einer Taten- und Täteraufklärung zur Erklärung des Mordens, der Gewalt im engeren Sinne, aber auch des ganz großen Bereichs darum herum, der Gewalt im weiteren Sinne, der gesellschaftlichen Ermöglichungsräume, sozial und interpersonal. Dabei sprechen ja auch wir in der Geschichtswissenschaft gern in Formeln, etwa »der Holocaust als sozialer Prozess«.[14] Sie haben ihre Berechtigung – gemeint sind damit die gesellschaftlichen Bedingungen von Massengewaltherrschaft und -praxis, deren differenzierte Analyse für die Geschichtswissenschaft eine Herkulesaufgabe war, ist und bleibt –, aber es gilt auch, in der Wissenschaft Ritualisierungen zu vermeiden.

Vielleicht haben wir es letztlich auch einfach mit derart komplexen Zusammenhängen zu tun, dass diese im öffentlichen Erinnern gar nicht angemessen adressiert werden können? Sind wir uns dieser Problematik überhaupt hinreichend bewusst? Dass je nach Örtlichkeit, je nach Nähe und Distanz des historischen Verbrechensgeschehens und je nach dem Kontext des jeweiligen Bemühens um Vergegenwärtigung historische Information und Aufklärung sehr unterschiedlich sein kann und sogar muss? Das sind in der Nähe eines Massengrabs oder eines Vernichtungslagers oder in einer nach 1945 errichteten Gedenkstätte auf deutschem Boden je völlig anders gelagerte Aufgaben und Umstände, die in der allgemeinen Rede über »das Gedenken« oder »die Erinnerungskultur« viel zu wenig unterschieden werden. Um noch einmal auf den Ausgangspunkt meiner Frage zurückzukommen: »Trauern«, das haben Sie eindrücklich umschrieben, Frau Jureit, ist oft auch mit einer großen Hilflosigkeit verbunden, und zwar für die Nachkommen der Opfer auf ganz spezifische Weise. Trauer ist ein sehr persönliches Gefühl. Ist es letztlich nicht grundsätzlich problematisch, sich als Gesellschaft ein Trauern gewissermaßen anzueignen? Sie setzen in einem Ihrer Bücher, *Gefühlte Opfer*, einen Gegenakzent, indem Sie fragen, ob es nicht eher darum gehen sollte, traurig zu sein – und zwar vor allem darüber, dass diese Vergangenheit uns immer ferner wird und dass es immer schwieriger wird, sich mit der ursprünglichen Trauer angemessen auseinanderzusetzen?[15]

Jureit: Wir stehen vor der Herausforderung, dass wir in den Gedenkstätten mit sehr verschiedenen Aspekten und mit vielen Aufgaben, Erwartungen und Anforderungen konfrontiert sind. Diese Orte sind zu einem erheblichen Teil aber weiterhin Friedhöfe, und mein Eindruck ist, dass dieser Sachverhalt zunehmend in den Hintergrund tritt, was ich persönlich problematisch finde. Wir haben vorhin gesagt, die Überlebenden und die Augenzeugen leben größtenteils nicht mehr, aber diese Orte bleiben ja Friedhöfe für die Angehörigen, und das ist für mich eigentlich ihre entscheidende Funktion. Dazu kommt, dass es Orte sind, an denen historisches Wissen vermittelt wird über das, was hier konkret passiert ist. Das hat lange Zeit vor allem bedeutet, Material zu sichern. Und wir müssen die Einschätzung »Das ist doch alles schon passiert« leider korrigieren. Wir haben weiterhin einen enormen Forschungsbedarf zu bestimmten Orten, zu anderen nicht. Wir haben einen enormen Bedarf an Ausgrabungen vor Ort zur Sicherung der baulichen Substanz. Momentan aber wird vor allem in die pädagogische Infrastruktur investiert, also noch ein Jugendprojekt und noch ein Bildungsprogramm und so weiter. Da klafft für mich etwas auseinander, denn was die historischen Orte selbst und ihre Instandsetzung anbelangt, ergeben sich meines Erachtens ganz andere Anforderungen, wenn wir über einen Zeithorizont der nächsten 20, 30, 40 Jahre reden.

Es gibt also Aufgaben, die jetzt erledigt werden müssen, die sehr viel Geld kosten und über die die Zeit ansonsten einfach hinweggehen wird, zum Beispiel der Aufbau von Archiven, gerade weil wir ja an den Universitäten sehen, dass die Forschung zur NS-Zeit zurückgeht. Daher muss sich diese Arbeit mehr an die Orte selber verlagern. Das kostet aber Geld, und das benötigt

Fachpersonal vor Ort. Und es braucht natürlich auch den systematischen Aufbau von Archiven und Sammlungen.

Morina: Ich möchte das noch ein wenig vertiefen: Es gibt hier ja viele im Raum, die sich nicht nur lesend, lehrend und forschend durch dieses Feld bewegen, sondern sich auch praktisch, oft ehrenamtlich, in der hiesigen Gedenkstättenlandschaft engagieren. Wie ist dieses Engagement, in der Zivilgesellschaft in Ostwestfalen-Lippe und auch bundesweit, von heute aus in die Geschichte der Bundesrepublik einzuordnen? Habbo Knoch hat in einem Text zur Geschichte der Gedenkstätten in Deutschland seit 1945 darauf hingewiesen, dass wir aus zeithistorischer Sicht darüber im Grunde recht wenig wissen, dass sowohl die längeren Linien als auch die jeweiligen Entstehungs- oder auch Scheiternsbedingungen von konkreten Gedenkinitiativen kaum empirisch erforscht sind.[16] Und dann fällt auf, dass Pionierstudien in diesem Feld entweder von im weitesten Sinne »Betroffenen« geschrieben wurden. Harold Marcuses große Studie *Legacies of Dachau* (2001) etwa ist ein Buch eines US-amerikanisch-jüdischen Enkels eines aus Deutschland geflüchteten Mannes, der 1977 erstmals Dachau besucht und sich fragt, warum an diesem Ort eine Kirche steht. Er kommt ins Gespräch mit bayerischen Familien, die ihm, wie er es im Vorwort schreibt, in vielen vagen Worten erklären, warum sie nichts gewusst haben und nichts haben tun können.[17] Es packt ihn und lässt ihn nicht mehr los und dann fängt er an, die Geschichte dieser Gedenkstätte zu erforschen, und schreibt damit das, so glaube ich, bis heute wichtigste Buch zur deutschen Gedenkstättengeschichte. Oder ein ganz junges Beispiel: Jenny Wüstenbergs Buch *Civil Society and Memory (2017)*, das die Frage nach dem historisch gewachsenen Zusammenhang zwischen Demokratie und Erinnerungsengagement in der Bundesrepublik stellt – und sie schreibt dieses wichtige Buch als historisch arbeitende Politikwissenschaftlerin.[18] Wie steht es vor diesem Hintergrund um die zeithistorische Gedenkstättenforschung, gerade auch mit Blick auf die zunehmend vorgetragene Kritik an einer vermeintlich kanonisierten und allzu »staatstragenden« Erinnerungskultur, die aus meiner Sicht schon deshalb problematisch ist, weil sie selten auf einer angemessen differenzierten Darstellung der deutschen

Gedenkkulturlandschaft beruht? Inwiefern ist hier also gerade die zeithistorische Forschung gefragt, sich stärker mit den Bedingungen, Kontexten und Spezifika von Gedenkstättenarbeit im historischen Längsschnitt zu befassen? Sie sprachen viel von Debattengeschichte und diskursiven Auseinandersetzungen, aber aktive Gedenkarbeit findet ja an vielen Orten, auf vielen Ebenen und in vielfältigen Praktiken mitten in der Gesellschaft statt.

Niven: Die Frage zielt darauf ab, wie sich die Gedenkstätten weiterentwickeln sollen, und spricht auch die Angst an, dass sie »zu staatlich« werden. In Deutschland werden viele Gedenkstätten, die großen zumindest, finanziell unterstützt. Das war vor 10Jahren viel weniger der Fall, vor 20 Jahren noch weniger. Das heißt, die Finanzierung ist an vielen Orten da. Ich habe leider den Text von Habbo Knoch noch nicht gelesen, ich kenne aber die Kritik, dass es zum Beispiel einfach zu »sauber« oder gar zu »schön« in vielen Gedenkstätten aussieht, dass man kein Gefühl für Geschichte bekomme, es gebe zu viele ritualisierte Führungen usw. Es wird auch bemängelt, dass Migranten nicht genug eingebunden würden: Zwar werde ihnen die deutsche Geschichte vermittelt, aber nicht mit Blick darauf, was sie denn einzubringen hätten, aus ihrer eigenen Familiengeschichte, aus ihrem eigenen historischen Hintergrund. Also diese ganze Kritik kenne ich. Es besteht auch das Problem, dass sich das junge Publikum insgesamt oft nicht angesprochen fühlt. Gibt es eine Kluft zwischen Intention und Rezeption, also zwischen Wunsch und Wahrnehmung? Es ist der Wunsch der Gedenkstätten aufzuklären, aber sind sie in der Lage, dieses Ziel auch zu erreichen?

Morina: Vielleicht noch zur Ergänzung: Knochs Artikel verweist darauf, dass wir zur Geschichte der Gedenkstätten in Deutschland sehr wenig zeithistorisches Wissen haben. Die Museologie beschäftigt sich damit, die Kulturwissenschaften, und die Akteure und Akteurinnen selbst schreiben ihre Geschichte(n), aber in der historischen Forschung liegt der Fokus bislang auf öffentlichen Debatten und kulturellen Artikulationen und weniger auf der Gedenkstättenarbeit. Und Knoch wies darauf hin, dass es für die Frage nach den Grundlagen des heutigen Gedenkens auch hinsichtlich der Zukunft der Gedenkstättenarbeit, beispielsweise am gerade in dieser Region vieldiskutierten Gedenkort »Stalag 326«, doch sinnvoll wäre zu wissen, was gute und nachhaltige Gedenkstättenarbeit eigentlich ausmache, was sie ermögliche und bewirke. Was können wir in Bezug auf diese Voraussetzungen, etwa Ressourcen-, Macht- und Beteiligungsfragen, aus der Erfahrung mit Gedenkstättenarbeit in Deutschland seit den 1980er Jahren eigentlich lernen und in Verstetigungsdiskussionen wie die rund um das »Stalag 326« einbringen? Und da mahnt Knoch also zu Recht an, dass wir zeithistorische Gedenkstättengeschichtsforschung noch nicht in dem Maße betrieben, wie sie eigentlich nötig wäre, um solcherart Schlüsse ziehen zu können. Was würden Sie darauf entgegnen?

Jureit: Ich stimme Habbo Knoch zu. Diese Forschungslücke ist schon erstaunlich. Das hat meines Erachtens damit zu tun, dass es ja bis in die 1980er Jahre hinein nicht so viel zu erzählen gab, um es mal etwas salopp zu sagen. Und dann hat es nach 1989 eine Phase der Veränderung gegeben, von der wir jetzt das Gefühl haben, sie ist irgendwo angekommen und verändert sich aktuell wieder. Daraus entsteht wahrscheinlich eher das Bedürfnis, diese Geschichte jetzt aufzuschreiben, weil aktuell eine neue Phase zu beginnen scheint.

Zu diesen neuen Herausforderungen gehört ja auch die Frage der Vergleichbarkeit. Ich bin nicht der Meinung, dass es ein generelles Tabu gibt, den Holocaust mit anderen Verbrechenszusammenhängen zu vergleichen, auch wenn die Aufarbeitung der kolonialen Verbrechen natürlich absolut ungenügend ist. Aber beispielsweise die vielen Auseinandersetzungen um die Verhältnisbestimmung zwischen nationalsozialistischen und stalinistischen Verbrechen, also die Debatten, die in den 1990er Jahren und bis weit in die 2000er Jahre sehr intensiv geführt wurden, verweisen ja explizit auf das, was unter dem Stichwort Multiperspektivität oder multidirektionale Erinnerung von Michael Rothberg gefordert wurde. Es ist sehr wohl in Deutschland im Verhältnis zu anderen Diskursen diskutiert worden, auch, was Bill Niven sagte, in Bezug auf den deutschen Opferdiskurs. Auch das ist ein Beispiel dafür, dass es diese Debatten über Verhältnisbestimmungen zu anderen geschichtskulturellen Kontexten immer gegeben hat. Also ist diese postkoloniale Frage strukturell keine neue Frage. Das Stichwort Multiperspektivität allein hilft uns auch nicht weiter, weil es kein konkretes Konzept gibt. Es gibt ja keinen Vorschlag, wie das stattfinden soll, sondern eher die pauschale Forderung, es zu tun. Und das überzeugt mich nicht.

Morina: Wer sollte das eigentlich machen? Ist es ist nicht unsere genuine Aufgabe, genau dieses Konzept zu entwickeln und diese Fragen zu diskutieren?

Niven: Ja, wenn Rothberg es selber nicht tut.

Morina: Zumal er ein historisch arbeitender Literaturwissenschaftler ist, was zumindest in der wissenschaftlichen Diskussion über seine Arbeiten und Thesen stärker berücksichtigt werden sollte.

Niven: Lassen Sie uns also genauer über multidirektionale Erinnerung sprechen. Wie Sie richtigerweise gesagt haben, Frau Jureit, waren die Debatten um den Stalinismus und Nationalsozialismus ein Beispiel für eine solche Multidirektionalität, aber natürlich ging es auch darum, wie man sich an das eine erinnern kann, ohne das andere zu marginalisieren. Dazu gibt es die sogenannte Faulenbach-Formel, dass man sich an den Stalinismus erinnern soll, ohne die nationalsozialistischen Verbrechen zu relativieren, aber die Erinnerung an den Nationalsozialismus soll andersherum die Verbrechen des Stalinismus auch nicht bagatellisieren. Also gilt es, eine Art von Balance zu finden zwischen diesen zwei Erinnerungsrichtungen. Nehmen Sie das Beispiel Buchenwald, dort wird heute auch die Geschichte des Speziallagers thematisiert, ebenso in Sachsenhausen und auch an anderen Orten. Das ist durchaus vorhanden.

Man könnte auch auf die langen Diskussionen hinweisen, die die Erinnerung an die Flucht und Vertreibung der Deutschen oder an den Bombenkrieg begleitet haben. Auch hier ging es darum, wie diese Erfahrungen zu der verbrecherischen Geschichte des Nationalsozialismus in Beziehung gesetzt werden sollen. Rothbergs Theorie, dass Erinnerungen an unterschiedliche Gewalterfahrungen in Bezug zueinander gesetzt werden können, ohne dass es zu einer Opferkonkurrenz kommt, bezieht sich auf Solidarität zwischen Opfergruppen, aber in Deutschland musste man lange mit dem Problem umgehen, dass auf die Kriegsleiden der Deutschen oft hingewiesen wurde, um eine Art »Opferausgleich« zu erzielen. Ich habe vorhin gesagt, dass ich glaube, es wird allmählich möglich, ohne solche Relativierungsversuche an diese deutschen Kriegsleiden zu erinnern, aber zu optimistisch darf man auch nicht sein. Multidirektionale Erinnerung in Deutschland kann immer noch problematische Formen annehmen, wenn zum Beispiel rechtsradikale Gruppen den Bombenkrieg in Bezug zum Holocaust setzen (Stichwort »Bombenholocaust«). Während des Gaza-Kriegs 2014 hat die NPD sogar ein Plakat mit der Aufschrift gehabt: »Gestern Dresden – Heute Gaza. Völkermorde zur Rechenschaft ziehen«.[19] Das ist mehr als problematisch.

Positiver sehe ich die Multidirektionalität im Hinblick auf die Flüchtlingskrise. Denken wir an die Erinnerungen in Deutschland – nicht nur an die Judenverfolgung und an den Holocaust, sondern auch an die Flucht und Vertreibung der Deutschen –, die 2015/2016 durch die Not der syrischen Flüchtlinge ausgelöst wurden und wahrscheinlich eine Rolle bei Deutschlands Bereitschaft gespielt haben, viele von diesen Menschen aufzunehmen. Der Krieg in der Ukraine weckte ähnliche Erinnerungen, und auch hier hat Deutschland viel getan, um Geflüchtete aufzunehmen. Es gibt auch viele multidirektionale Ansätze in Ausstellungen in Deutschland. Zurzeit forsche ich zum Thema »Kindertransport«: Ungefähr 10.000 meist jüdische Kinder konnten 1938/1939 nach dem Novemberpogrom nach Großbritannien und in andere Länder entkommen. An ihre Erfahrungen wird neuerdings in einigen deutschen Ausstellungen erinnert, zum Beispiel in der ehemaligen Kriegshaber-Synagoge in Augsburg, in der Deutschen Nationalbibliothek in Frankfurt am Main und im Jüdischen Museum Westfalen in Dorsten.[20] Es werden auch Bezüge zu den Erfahrungen von heutigen Flüchtlingen hergestellt, die vor Krieg, Verfolgung und Gewalt in ihren Heimatländern fliehen mussten – vor allem in der Augsburger Ausstellung, wo die Biografien von Kindertransport-Kindern neben Biografien von Kindern und Jugendlichen zu sehen sind, die kurz zuvor nach Deutschland gekommen sind, zum Beispiel aus Afghanistan, aus dem Iran oder aus dem Irak. Zu der Ausstellung sagte die Leiterin des Jüdischen Museums in Augsburg Barbara Staudinger, die Singularität der Shoah könne nicht infrage gestellt werden, aber Vergleiche bedeuteten nicht dasselbe wie Gleichsetzung.[21]

Ich war übrigens vor kurzem auch in einer Stadtlabor-Ausstellung zum Thema Nationalsozialismus im Stadtmuseum in Frankfurt am Main. 38 Frankfurter Bürger wurden gebeten, sich zu überlegen, welche Spuren es vom Nationalsozialismus heute noch in Deutschland gibt, die ihnen besonders aufgefallen waren. Die Ergebnisse ihrer Überlegungen wurden dann als Exponate ausgestellt.[22] Unter diesen Frankfurter Bürgerinnen und Bürgern waren auch Menschen mit Migrationshintergrund, die ihre eigenen Geschichten eingebracht haben. Und im Onlinebegleittext wird explizit auf Rothbergs Idee der Multidirektionalität Bezug genommen.[23] Das heißt, Rothberg wird in Deutschland schon positiv rezipiert, und es gibt multidirektionale Ansätze in viele Richtungen. Was Rothberg aber natürlich vor allem meint, ist Holocaust und Kolonialismus. Wir haben Beispiele angeführt für multidirektionale Erinnerung, aber letztendlich geht es ihm, glaube ich, um das Verhältnis zwischen diesen beiden Erinnerungskomplexen.

Morina: Bevor Sie auch etwas dazu sagen, würde ich gerne noch einmal zuspitzen, dass man zum Beispiel in der Gedenkstätte Buchenwald die Geschichte des Stalinismus und des Nationalsozialismus miteinander thematisieren kann, und dass dies nötig und möglich ist, ist heute unstrittig. Das macht gerade die Dauerausstellung in Buchenwald sehr gut. Niemand streitet ferner ab, dass es in allen Erinnerungsdiskursen multidirektionale – oder simpler: vielfältige – Bezugnahmen gibt. Das ist ja die eigentliche Entdeckung, die Sensibilisierung, die Rothberg geleistet beziehungsweise in einer Deutlichkeit am Beispiel literarischer Werke gezeigt hat, die sehr hilfreich war und bleibt. Aber die große Herausforderung ist, dass es in NS-Gedenkstättenkontexten eben nicht ausreicht, migrantische Erfahrungen und Herkünfte in der pädagogischen Arbeit »mitzudenken«. Die Herausforderung, die sich eigentlich stellt, ist die Frage, wie man den Holocaust in der Gedenkstättenpraxis und historisch-politischen Bildung als einen Genozid in der Geschichte und die kolonialen Aspekte der nationalsozialistischen Vernichtungspolitik mit anderen kolonialen Verbrechen, nicht nur in der deutschen, sondern auch europäischen und globalen Geschichte, in Beziehung setzt, und zwar, weil es historisch gesehen an vielen Stellen und auf vielen Ebenen Verbindungen und Verflechtungen gibt, aber weil sie eben auch voneinander getrennt geschehen sind, mit bestimmten Eigenlogiken, aus je spezifischen Ursachenzusammenhängen heraus und mit je spezifischen Folgen. Das ist die Herausforderung. Frau Jureit, wie sehen Sie das? Ist diese Aufgabe überhaupt hinreichend erkannt? Und wie sollten wir sie angehen?

Jureit: Zunächst muss man schon deutlich machen, dass es zu diesem Thema seit vielen Jahren Forschung in der Geschichtswissenschaft gibt, es existieren auch viele Bücher und Studien dazu. Die Frage, inwiefern nicht der Holocaust, sondern tatsächlich der Vernichtungskrieg ein kolonialer Krieg war, ist ein Thema, das wir schon vor 20 Jahren diskutiert haben. Es stimmt schlichtweg nicht, dass es zu diesen Themen nichts gibt. Wir haben Untersuchungen, Studien, Vergleiche. Ich denke auch, wir müssen ganz deutlich sagen, wir können wissenschaftlich nicht darauf verzichten zu vergleichen.

Das heißt aber nicht gleichzusetzen. Hier gehen auch die Ebenen manchmal kräftig durcheinander. Selbstverständlich müssen die Dinge miteinander verglichen werden, weil es darum geht, Gemeinsamkeiten und Unterschiede feststellen zu können, und wir sehen in den aktuellen Debatten ja, wie notwendig Vergleiche sind. Aber wir sehen leider auch, wie unprofessionell sie oftmals ausfallen, oder aber, dass sie politisch instrumentalisiert werden. Wie schnell ist der Genozidbegriff jetzt zur Hand, um beispielsweise Kriegsverbrechen zu kategorisieren? Hier sehe ich auch eine entscheidende Aufgabe der Zeitgeschichtsforschung, Begriffe in der Öffentlichkeit zu klären, deutlich zu machen und auch wissenschaftlich fundiert dazu Stellung zu beziehen, also öffentlich hervorzuheben, dass wir klare, analytische Begriffe brauchen, mit denen wir bestimmte Phänomene, gerade auch Gewaltphänomene, nicht nur beschreiben, sondern auch analysieren können.

Und da ist nicht alles kolonial, es handelt sich eben nicht immer um die gleichen Dinge. Wir haben eine Forschung, die sich seit langer Zeit darum bemüht, differenzierte Begrifflichkeiten zu entwickeln, um unterschiedliche Gewaltphänomene unterschiedlich zu benennen und darzustellen. Und da sollte man auch, ich sage es jetzt mal ein bisschen zugespitzt, erinnerungskulturell nicht alles über Bord schmeißen. Es wird ja wohl niemand ernsthaft bestreiten, dass der Vernichtungskrieg im sogenannten Osten koloniale Züge hatte. Natürlich hatte er das. Es wäre völliger Unfug zu behaupten, das sei nicht so gewesen. Die Frage ist aber: Was bedeutet es *analytisch* zu sagen, der Vernichtungskrieg war ein koloniales Projekt? Das Spezifische liegt meines Erachtens woanders. Wir haben in der Geschichte zahlreiche koloniale Prozesse, die wir miteinander vergleichen und für die wir Gemeinsamkeiten und Unterschiede feststellen können, aber das Spezifische am Holocaust finden wir an Orten wie Treblinka, und das ist eben etwas anderes. Und das hat gar nichts damit zu tun, dass das eine schlimmer war als das andere oder politisch wichtiger ist, sondern es sind einfach unterschiedliche Gewaltphänomene und Gewaltdynamiken. Das ist eine Tatsache, die wir in einer öffentlichen Debatte nicht einfach beiseiteschieben können. Es ist daher eine sehr wichtige Aufgabe der Zeitgeschichte oder überhaupt der Geschichtswissenschaft, sich, gerade was die analytischen Implikationen betrifft, an diesen Debatten zu beteiligen.

Niven: Ja, das sehe ich genauso. Rothbergs Kritik zielt aber eher, glaube ich, auf die Erinnerungskultur in Deutschland, weniger auf die Geschichtswissenschaft. In dem gemeinsam mit Jürgen Zimmerer verfassten *Zeit*-Artikel *Enttabuisiert den Vergleich* ist das schon der Fall;[24] noch mehr aber in einem späteren Artikel, den Rothberg in der *Berliner Zeitung* veröffentlichte und in dem er der deutschen Erinnerungskultur »antidemokratische Mängel« vorwirft.[25] Eine wachsende Zahl von Historikern – zumindest außerhalb Deutschlands – erkenne, so Rothberg jetzt, dass der Holocaust in einem kolonialen Kontext zu begreifen sei. In der Erinnerungsbranche aber passiere nichts. Da werde immer noch auf die Einzigartigkeit des Holocaust gepocht. Daraus sei ein Dogma geworden. So ungefähr lautet seine These.

Dann stellt sich die Frage: Ist das so? Hat die Holocausterinnerung bis jetzt die Erinnerung an den Kolonialismus blockiert? Das ist eine sehr wichtige Frage, die wir hier nicht zu beantworten versuchen, aber es ist eine der zentralen Fragen. Und die andere Frage lautet, jetzt, wo die Erinnerung an den Kolonialismus da ist: Wie erinnern wir uns an den Kolonialismus und den Nationalsozialismus, an den Holocaust vor allem, in einem irgendwie gemeinsamen Rahmen? Wir müssen natürlich herausfinden, was wir mit »gemeinsam« meinen. Wie soll diese Gemeinsamkeit aussehen? Reden wir von einer Ausstellung? Es hat, glaube ich, die eine oder andere Ausstellung in dieser Richtung gegeben. Reden wir von einer Gedenkstätte, in der die Geschichte des Holocaust und die des Kolonialismus zusammen präsentiert werden? Oder sollen wir einen gemeinsamen Gedenktag einführen? Wie würde sich dieser Gedenktag dann zu den Gedenktagen an den Nationalsozialismus verhalten?

Was Rothberg meiner Meinung nach sagen wollte, war, dass Holocaust und Kolonialismus beides furchtbare Verbrechen waren, für die die Deutschen verantwortlich oder mitverantwortlich waren und es doch möglich sein müsste, irgendwie daran zu erinnern, ohne dass immer wieder die Einzigartigkeitsthese mobilisiert wird, um das zu verhindern. So verstehe ich seine Argumentation. Ich persönlich glaube nicht, dass die Deutschen derart auf die Einzigartigkeit pochen oder dass sie Einzigartigkeit mit Unvergleichbarkeit gleichsetzen. Man kann sicherlich ein paar Leute ausmachen, die das tun, aber das ist ja kein allgemeiner Beweis.

Morina: Diese gewisse Ratlosigkeit kann ich sehr gut nachvollziehen. Das ist ein ermüdend unproduktiver Diskurs, weil er die Dinge so heftig durcheinandermischt. Und damit sind wir jetzt schon mitten im zweiten Teil, in dem es um unser Selbstverständnis, unsere Rolle in so einer drängend geführten Diskussion gehen soll – und mit uns meine ich die Historikerinnen und Historiker, die sich hierzulande und anderswo mit der deutschen Zeitgeschichte befassen. Die Dekolonialisierungsbewegung ist ein wichtiges, zu begrüßendes Projekt, das Folgen für alle möglichen Lebens- und Wissensbereiche hat und damit eben auch für die historische Forschung und Erinnerung.

Sie haben nun gerade die große Frage nach der Blockade aufgeworfen, das ist eine der steilsten Thesen oder auch Vorwürfe in dieser Diskussion. Es steht die Anklage im Raum, dass das

Holocaustgedenken hegemonial geworden sei und in den letzten Jahrzehnten die wissenschaftliche und gesellschaftliche Auseinandersetzung mit anderen Verbrechenszusammenhängen blockiert habe.[26] Es wird mehr oder weniger explizit unterstellt, dass es im Zuge dieser vermeintlichen Hegemonialisierung bewusste und sogar proaktive Verhinderungsbemühungen gegeben habe. Es ist nun sehr schwierig, solch eine Diskussion zu führen, ohne dass man über diese Prämisse, die sachliche Grundlage dieses Vorwurfs ausführlich redet. Über diese Grundlage wissen wir aus meiner Sicht viel zu wenig, schlimmer noch, es wird nicht einmal ernsthaft danach gefragt. Zudem finden fundamentale Rahmenbedingungen viel zu wenig Berücksichtigung, etwa dass öffentliche Aufmerksamkeit eine begrenzte Ressource ist, worauf ich ja eingangs schon hingewiesen habe. Wie stehen Sie zu dieser Argumentation und zur Frage ihrer sachlichen Begründung? Würden Sie sagen, dass das deutsche und mitunter auch europäische Holocaustgedenken, dass der erreichte kritische Konsens, wie stabil oder fragil er auch sein mag, die Vergegenwärtigung anderen historischen Unrechts und diesbezügliche Erinnerungsbedürfnisse aktiv blockiert hat?

Jureit: Aktiv? Wer wäre dann der Akteur in diesem Fall? Manchmal hilft es zu schauen, wie das in anderen Ländern ist. Es ist eine sehr auf Deutschland fixierte Debatte. Nehmen wir einmal ein Land wie Japan, dort gibt es diese Form der Holocaustauseinandersetzung, wie es sie bei uns gibt, nicht. Dort dominieren andere Themen, also die eigene Rolle während des Zweiten Weltkrieges, die Auseinandersetzung mit den Atombombenabwürfen, die Ambivalenz zwischen Tätern und Opfern und einiges mehr. In Japan gibt es aber auch eine sehr zögerliche Auseinandersetzung mit Kolonialismus. Wenn man sich das anschaut, dann geht die Rechnung ja irgendwie nicht auf. Es ist, finde ich, schwer nachzuvollziehen, so pauschal davon zu sprechen, dass da etwas verhindert oder sogar aktiv blockiert werde.

Ich stimme Ihnen zu, dass es immer begrenzte Aufmerksamkeitslogiken in einer Gesellschaft gibt, aber die Brisanz, die jetzt in diese Debatte gekommen ist, würde ich weniger darin sehen, dass dort die Singularität des Holocaust mal in Frage oder auch nicht in Frage gestellt wird. Hier schwanken die Selbstaussagen etwas, was unter anderem wohl mit der mittlerweile erreichten Aggressivität dieser Debatte zu tun hat. Die Brisanz liegt vielmehr in der Verbindung zur Israelkritik.

Und für diese Frage ist wiederum der Begriff des Kolonialen entscheidend. Interessant ist doch: Warum ist es für die postkolonialen Aktivisten – so nenne ich sie jetzt einmal, weil sie sich auch teils selber so bezeichnen – so wichtig, Israel als einen kolonialen Staat darzustellen und nicht als Besatzungsregime? Es ist so zentral, weil es ermöglicht, die Verbindung zwischen Nationalsozialismus und Kolonialismus herzustellen und damit den Widerstand gegen koloniale Herrschaft historisch zu legitimieren. Da liegt die Brisanz. Und auch da müssen wir kritisch fragen, ob der Begriff des Kolonialen analytisch der richtige Begriff ist, um das zu beschreiben, was in dieser Debatte an Israel kritisiert wird. Ich finde, hier bewegen wir uns auf einer anderen Ebene, und es ist erst im Laufe der Zeit deutlicher geworden, dass es um die Legitimierung des antikolonialen Widerstandes geht.

Niven: Ich finde es, wie Frau Jureit, wichtig, auf andere Länder zu schauen, vor allem auf Großbritannien. In Großbritannien haben wir seit einigen Jahren eine sehr intensive offizielle Holocausterinnerung, aber es fällt uns immer noch sehr schwer, uns an unsere eigenen kolonialen oder sonstigen Verbrechen zu erinnern. Wir erinnern uns am 27. Januar auch an andere Genozide – Kambodscha zum Beispiel oder Srebrenica, auch Ruanda ist sehr präsent. In Deutschland kommt es weniger vor, dass ausgerechnet am 27. Januar – also am Jahrestag der Befreiung von Auschwitz – an all diese anderen Genozide gedacht wird, aber dafür gibt es einen guten Grund, denn sonst hieße es nämlich gleich, die Deutschen wollten durch den Hinweis auf andere Völkermorde ihre eigene Schuld verkleinern. Dass wir uns in Großbritannien an den Holocaust und andere Genozide erinnern, hat zum Teil den Zweck, die Erinnerung an unsere eigenen Verbrechen und die Notwendigkeit, daran zu erinnern, in den Hintergrund zu drängen. Damit wird etwas blockiert, das würde ich schon sagen. Das ändert sich langsam. Vor allem seit Demonstrierende in Bristol die Statue des Sklavenhändlers Edward Colston ins Hafenbecken geworfen haben, kommt einiges in Bewegung. Wir beschäftigen uns jetzt auch mit der kolonialen Geschichte vieler Institutionen in Großbritannien. Auch an den britischen Universitäten passiert dazu einiges. Dennoch sehe ich immer noch die Tendenz zur Blockade. Bei der deutschen Erinnerung an den Holocaust sehe ich das nicht.

Ich frage mich, warum wir nicht einfach sagen können, dass wir sehr lange eine zutiefst rassistische Gesellschaft waren, und wir sind es zum Teil immer noch, vor allem Schwarzen Menschen gegenüber. Die Geschichte des Rassismus haben wir bestimmt noch nicht aufgearbeitet. Aber wenn wir das jetzt auf die Holocausterinnerung schieben, dann nehmen wir uns aus einer sehr wichtigen Verantwortung, eben diese noch andauernde Geschichte endlich anzupacken und etwas zu verändern in der Gesellschaft. Im Grunde haben wir es der Holocausterinnerung jedenfalls zum Teil zu verdanken, dass sich der Weg zur Erinnerung an die Geschichte der Diskriminierung anderer Gruppen langsam öffnet, denn in Deutschland, wie auch in Großbritannien, wird bei der Erinnerung an das Novemberpogrom 1938 durchaus auch der Hass gegen Minderheiten in der Gegenwart thematisiert. Es geht also nicht nur um Antisemitismus. Aber wieso lernen wir zu wenig daraus? Es ist nicht einmal so, dass die Menschen über den Holocaust informiert sind. Vor kurzem gab es eine Studie in den Niederlanden, die sogar zu dem Ergebnis kam, viele junge Niederländer hielten den Holocaust für einen Mythos[27] – trotz Gedenkveranstaltungen, trotz Schulbildung. Hat die Erinnerungsarbeit wirklich funktioniert, wenn wir nichts daraus gelernt haben? Das würde ich sagen, ist die wichtige Frage, nicht, ob die Holocausterinnerung die Erinnerung an andere Verbrechen blockiert, denn ich glaube nicht, dass sie blockiert hat.

Morina: Ich würde ja argumentieren, dass das Gedenken nicht der richtige Ort oder zumindest nicht der zentrale Ort für historische Wissensvermittlung sein kann. Vermittlungsaufgaben sind ein ganz eigener Komplex, auf den auch die zweite Gesprächsrunde noch eingehender blicken wird. Aber der Hinweis ist berechtigt. Ich nehme jetzt doch einmal die Position der vermeintlich Provinziellen ein, denn in der Debatte um den »Katechismus« und angebliche »Tabus« werfen die Verfechter einer postkolonialen Erweiterung der Erinnerung ihren Kritikern ja »Provinzialität« vor. Sie sprechen von anderen Ländern. Selbstverständlich muss man immer auch über die Lage in anderen Ländern nachdenken, ja man kann sogar in einer analogisierenden Perspektive fragen, ob nicht der Kolonialismus ein Zusammenhang ist, der in noch viel grundsätzlicherer Art und Weise schwieriger aufzuarbeiten ist, weil mit ihm die Weiße Moderne entstanden ist, in der wir bis heute leben. Die Herausforderung besteht eigentlich darin, das gesamte Fundament der »westlichen« Gesellschaften insgesamt zu problematisieren. Das wäre eine angemessene Aufarbeitung des Kolonialismus und geschieht ja inzwischen auch schon vielfach. Das müsste aber natürlich nicht nur in rein destruktiver und destabilisierender Weise geschehen, sondern konstruktiv und weiterführend. Damit ließe sich dann etwa auch die japanische Geschichte auf einer vergleichbaren Ebene thematisieren. Aber eine plausible Entgegnung bleibt, dass der Holocaust von Deutschland ausging. Und nur und gerade in diesem Sinne sollte man unbedingt auf »Provinzialität« pochen. Die deutsche Örtlichkeit des Verbrechensursprungs und damit der Hauptverantwortlichkeiten – in der Zeit und seither – muss unbedingt zentral bleiben.

Lassen Sie mich anschließend an diese Überlegungen etwas grundsätzlicher nach der Positionalität und Perspektivität der eigenen Forschung innerhalb von weiteren politischen und gesellschaftlichen Entwicklungen fragen. Sie haben es bereits erwähnt, es gibt – vielleicht zunehmend? – Historikerinnen und Historiker, die sich auch als Aktivistinnen und Aktivisten verstehen und dies mehr oder weniger explizit auch so formulieren. Rothberg spricht etwas eleganter von »solidarischer« Wissenschaft und emanzipatorischen Zielen.[28] Sein Standpunkt ist ursprünglich an US-amerikanische, der von Dirk Moses an australische Auseinandersetzungen um den Umgang mit Sklaverei und Indigenen Bevölkerungen und deren Status in den heutigen Gesellschaften gebunden. Das sind *struggles*, für die man grundsätzlich viel Sympathie haben kann und sollte. Doch mit dem Anspruch, die eigene wissenschaftliche Arbeit zum Aufbrechen hegemonialer Erinnerungsnarrative einzusetzen, geht auch ein sehr spezifisches professionelles Selbst- und nicht zuletzt Wissenschaftsverständnis einher, das nicht unproblematisch ist.

Wie sehen Sie, Frau Jureit, Ihre Rolle als Wissenschaftlerin? Und worin besteht für Sie die gesellschaftliche Relevanz Ihrer Arbeit? Viele Interviewprojekte, die im Rahmen der Oral History entstanden sind, hatten ja ebenfalls eine Art emanzipatorischen Anspruch. Die Parallelen zwischen den Urimpulsen der Oral History, den bislang ungehörten Akteuren und Akteurinnen in der Geschichte eine Stimme zu geben, und heutigen postkolonialen Ansätzen, bislang marginalisierte Erfahrungen sichtbarer und Wissenschaft insgesamt sowohl theoretisch als auch empirisch inklusiver zu machen, sind bemerkenswert, meine ich. Würden Sie das ebenso einschätzen?

Jureit: Ja. Geschichtswerkstättenbewegung, Oral History, Alltagsgeschichte, Erfahrungsgeschichte – natürlich waren diese Themen in den 1980er Jahren aktuell. Wir haben das meiner Ansicht nach damals nicht nur als Aktivismus gesehen. Es war schon auch eine Auseinandersetzung innerhalb der Wissenschaft. Damals ist ja mit harten Bandagen auch hier vor Ort gekämpft worden, wie diese Bewegungen einzuschätzen sind. Glücklicherweise hat sich die Sache anders entwickelt, als das in Bielefeld prognostiziert wurde. Durch solche Bewegungen entstehen Veränderungen, auch innerhalb der Wissenschaft und in ihrer Theoriebildung.

Wie Sie schon sagen, ich glaube auch, dass sich die Zeitgeschichte eingehender damit beschäftigen sollte, dass sie sowohl Teil solcher Bewegungen ist als auch zu deren Beobachtern gehört, die dann wiederum versuchen, die Fragen einzuordnen, zu analysieren, zu kritisieren, zu kommentieren. Es ist bei vielen Wissenschaftlern ein Sowohl-als-auch, und das ist eine schwierige Position. Es wird zunehmend notwendig sein, das eigene Selbstverständnis stärker zu reflektieren. Natürlich sind wir alle, vor 50 Jahren ist das noch nicht so gewesen, zunehmend darauf gepolt zu sagen, dass die Geschichtswissenschaft stärker in der Öffentlichkeit präsent sein sollte, dass sie ihre Ergebnisse besser kommunizieren muss, dass sie all das, was sie erforscht, nicht für sich behalten darf. Aber was in diesem Zusammenhang weniger reflektiert wird, ist die Frage, was eine solche Präsenz in den Medien eigentlich mit sich bringt. Ich kann nur aus der Erfahrung mit den sogenannten Wehrmachtausstellungen sagen, dass eine solche Präsenz immer auch bedeutet, sich mit den Mechanismen massenmedialer Öffentlichkeiten auseinandersetzen zu müssen und sich darüber klar zu werden, wie man seine eigene Rolle in geschichtspolitischen Debatten versteht. Die Aufgabe der Zeitgeschichte ist es ja nicht zu definieren, wie Erinnerungskulturen gut funktionieren. Das kann es ja nicht sein.

Morina: Wie sehen Sie das, Herr Niven? Sie haben an der Universität Nottingham Trent mit dem National Holocaust Center zusammengearbeitet, vielleicht könnten Sie daran beispielhaft ausführen, welchem Rollen- und Wissenschaftsverständnis Sie in Ihrer Arbeit folgen?

Niven: Die Frage ist sehr interessant. Ich kenne auch Jenny Wüstenbergs Schriften dazu. Ich hatte, bis ich Jennys Arbeit über *memory activism* besser kannte, eher die Vorstellung, ein Aktivist ist jemand, der in eine Ausstellung geht und ein van-Gogh-Bild mit Farbe beschmiert, wie es vor kurzem passiert ist.[29] Ich bin kein Aktivist. Aber von Wissenschaftlern in Großbritannien wird nicht nur erwartet, dass sie Fachartikel schreiben, sondern auch, dass sie mit ihrer Forschung einen öffentlichen Eindruck machen.

Morina: Vielleicht könnten Sie das genauer umreißen, weil es sicher nicht allen bekannt ist, wie relevant der Nachweis einer solchen Wirkung im britischen Wissenschaftssystem für die Finanzierung Ihrer Forschung ist?

Niven: Ich berichte einmal kurz, was ich gemacht habe. Ich habe zum Beispiel zusammen mit zwei oder drei anderen eine Ausstellung zum Thema Kindertransporte kuratiert. Diese Ausstellung ist an mehreren Orten in Deutschland gezeigt worden, auch in Berlin.[30] Die anderen Beteiligten und ich hatten zu dem Thema geforscht, und ein Ergebnis unserer gemeinsamen Forschung war eben diese Ausstellung. Sie wurde positiv rezipiert. Ich musste für meine Universität im Rahmen einer Impact Case Study einen Bericht über die Wirkung der Ausstellung schreiben. In Großbritannien müssen alle Universitäten das Higher Education Founding Council, von dem unsere Forschungsgelder abhängen, davon überzeugen, dass ihre Forschung ein breiteres Publikum erreicht. Insofern sind wir jetzt alle Aktivisten, könnte man sagen, oder?

Jureit: Sie meinen zwangsweise?

Niven: Ja, zwangsweise. Aber Aktivismus ist ja etwas, was nicht zwangsweise, sondern autonom unternommen wird. Wenn ich in ein quasi offizielles Projekt eingebunden bin, bin ich dann doch kein Aktivist mehr. Vielleicht will unsere britische Regierung den tatsächlichen Aktivismus so kanalisieren? Was aber feststeht: Wir bemühen uns alle darum, dass die Holocausterinnerung etwas bewirkt, dass die Menschen mehr daraus lernen, und in dieser Hinsicht, ganz banal gesagt, sind wir immer Aktivisten, oder? In diesem ganz schlichten Sinne, dass wir die Erinnerung für wichtig halten und uns bemühen, etwas zu erreichen durch das, was wir tun.

Morina: Wir möchten etwas bewegen, ja. Man kann diesen Begriff weit und eng fassen und wenn man ihn als Selbstbeschreibung benutzt, dann ist das schon eine sehr dezidierte Entscheidung. Es gibt Kollegen, die das machen, manche sogar sehr emphatisch, und solche, die sich niemals so bezeichnen würden. Nach meinem Eindruck prägt das unseren Arbeitsalltag seit einigen Jahren zunehmend, die Gerechtigkeitskämpfe der Gegenwart dringen immer stärker in unsere Forschungsdiskussionen ein. Natürlich kann man fragen, inwiefern das nicht schon immer so war oder inwiefern sich dieses Engagement in jüngster Zeit spezifisch gewandelt hat. Wahrscheinlich sind Historikerinnen und Historiker, zumal in Deutschland, die traditionell ja eher am Staat und an der Nation mitgebaut haben, niemals zuvor so emphatisch für Inklusion, Perspektivenvielfalt und Gleichstellung in der historischen Forschung eingetreten wie heute. Und viele, wenn auch längst nicht alle, verfolgen damit dezidiert den Anspruch, die gesellschaftlichen Verhältnisse nicht nur abzubilden und zu historisieren, sondern sie selbst mitzugestalten.

Damit sind wir beim letzten Fragenkomplex, verbunden mit einer Einladung zum Imaginieren. Das würde ich gern am Beispiel der Gedenkstätte des ehemaligen Kriegsgefangenenlagers »Stalag 326« in Schloss Holte-Stukenbrock tun, in dem zwischen 1941 und 1945 mehr als 310.000 vor allem sowjetische, aber auch französische, polnische, serbische, italienische und belgische Kriegsgefangene registriert, unter katastrophalen Umständen untergebracht und in andere Lager oder zu Zwangsarbeitseinsätzen weitertransportiert wurden. Das Gedenken an diese Verbrechen war jahrzehntelang heftig umstritten, und die seit den 1990er Jahren bestehende Gedenkstätte spielt hier in der Region eine wichtige erinnerungskulturelle Rolle. Es hat Jahrzehnte gedauert, bis 2024 endlich deren Erweiterung und Verstetigung beschlossen wurde. Wenn auch kleiner als geplant, soll sich hier ein national und international sichtbarer Lern- und Gedenkort endlich in angemessener Weise dem Schicksal der (vor allem sowjetischen) Kriegsgefangenen im Zweiten Weltkrieg widmen. Und nicht zuletzt ist dies ein faszinierender zeithistorischer Forschungsgegenstand: Wir haben uns im Rahmen eines Projektseminars an der Universität Bielefeld gemeinsam mit Studierenden mit der Geschichte des Engagements für die Gedenkstätte seit 1945 befasst.[31] Vielleicht könnten Sie ausgehend von diesem Beispiel umreißen, wie für Sie zukünftig, sagen wir, in der Mitte des 21. Jahrhunderts, ein »angemessenes« Gedenken an die NS-Zeit und die damit verbundenen Massenverbrechen aussehen würde? Welche Herausforderungen sehen Sie, aber auch welche Möglichkeiten? Das ist viel gefragt, aber am Konkreten lassen sich diese großen Fragen zur Zukunft des NS-Gedenkens vielleicht doch am besten thematisieren.

Niven: Ich habe über das »Stalag 326« nicht viel gewusst, bevor Sie mir davon erzählt haben, aber ich habe inzwischen einiges dazu gelesen. Was mir sofort aufgefallen ist, ist, dass wir wieder bei unterschiedlichen Erinnerungsschichten sind, genauso wie in Buchenwald, in Sachsenhausen und in vielen anderen Orten, weil das »Stalag 326« eine Kriegs- und Nachkriegsgeschichte hat. Beim Lesen über das Kriegsgefangenenlager sind mir die Gefangenenhierarchien aufgefallen, die die Nazis geschaffen haben. Man müsste mehr über diese Dinge wissen. Nach dem Krieg wurden dann Nazis in dem ehemaligen Stalag inhaftiert, später kamen die Vertriebenen, teilweise auch DDR-Aussiedler ...

Morina: ... vor allen Dingen Geflüchtete und Vertriebene aus den ehemaligen deutschen Ostgebieten ...

Niven: ... ich habe gelesen, dass es schon Streitigkeiten darüber gibt, welche Zeitebenen gezeigt werden und wie sie sich zueinander verhalten sollen. Und da dachte ich mir, hier sind wir wieder bei den Debatten, die schon in den 1990er und 2000er Jahren geführt wurden, aber zum ersten Mal geht es um die sowjetischen Kriegsgefangenen. Ich bin entschieden der Meinung, dass sie im Vordergrund stehen müssen. Aber die Nachkriegsgeschichte muss auch mit hinein. Wenn Sie mich fragen, wie das denn passieren soll, ohne dass eine Relativierung stattfindet, dann hängt das natürlich mit der Art und Weise zusammen, wie die Ausstellung gemacht wird. Aber da spielt dann vermutlich auch die Finanzierung eine Rolle. Was wollen diejenigen, die das Ganze finanzieren? Stellen sie Bedingungen darüber, wie die Ausstellung sein muss, wenn sie das Geld geben? Ich würde hoffen, dass dies nicht der Fall ist, sondern dass es eine gewisse Freiheit gibt, um alles so zu gestalten, wie die Fachleute es für richtig halten.

Morina: Wenn ich kurz einhaken darf: Sie haben eingangs von einer »postmoralisierenden Erinnerung« gesprochen, im Englischen nennen Sie es *post-didactic memory*, und dieser englische Begriff ist deutlich weiter gefasst.[32] Sie warnen davor, denjenigen, denen man etwas vermitteln möchte, zu unterstellen, sie hätten ein moralisches Defizit, und zu glauben, man müsse sie sozusagen ethisch erst formen. Sie plädieren stattdessen dafür, ein gewisses Vertrauen zu haben – das fand ich einen schönen, aber auch etwas überraschenden Begriff in diesem Zusammenhang –, Vertrauen in das Interesse, das Vorwissen, wie begrenzt es auch sei, von Menschen, die sich einem Erinnerungszusammenhang zuwenden. Das ist sehr optimistisch, vielleicht sogar zu optimistisch?

Niven: Manches, was man schreibt, würde man rückblickend vielleicht anders formulieren. Das war schon mit *Facing the Nazi Past* so. Es war ein sehr optimistisches Buch. Die Erinnerungsforschung kann sehr idealistisch sein. Wir arbeiten oft mit Vorstellungen davon, wie alles sein soll, und wahrscheinlich habe ich mich davon ein bisschen beeinflussen lassen. Trotzdem, und trotz der Skepsis, die ich in diesem Gespräch gelegentlich zum Ausdruck gebracht habe, sehe ich die Entwicklung in der deutschen Erinnerung insgesamt positiv. Das entspricht auch meiner Erfahrung. Vorhin habe ich von den Literaturkursteilnehmerinnen in München gesprochen, die von ihrer eigenen Flucht und Vertreibung oder der Flucht ihrer Eltern berichtet haben, ohne dass ich das Gefühl hatte, hier wird etwas relativiert oder aufgerechnet. Sie waren über den historischen Kontext gut informiert. Sie wussten, warum diese fliehen mussten, warum sie vertrieben wurden. Trotzdem haben sie ein Recht auf Mitleid, trotzdem haben sie ein Recht auf Verständnis. Man kann das hineinbringen, ohne zu relativieren.

Für mich wäre es wünschenswert, dass unterschiedliche Facetten der deutschen Geschichte nebeneinanderstehen können und dass wir auch über die Verflechtungen dazwischen reden können, ohne dass es zu einer Schlammschlacht kommt, ohne dass sofort jemand sagt, ein bestimmtes Thema solle lieber im Hintergrund bleiben oder zu einem anderen Thema nicht in Bezug gesetzt werden. Andererseits muss es auch erlaubt sein, Zusammenhänge infrage zu stellen, wenn begründete Zweifel formuliert werden. Es bedarf einer größeren Offenheit gegenüber anderen Meinungen. Aber ich befürchte, das wird nicht passieren, bis wir eine Generation erreicht haben, die genug Distanz hat zu diesen ganzen Debatten. Es ist aber möglich. Das sehen wir an der Debatte über die Speziallager. An diese Lager wird jetzt erinnert in Buchenwald und Sachsenhausen, ohne dass wir so viel drüber streiten. Ich finde übrigens schon, dass die Deutsche-als-Opfer-Diskussion einiges an Positivem hervorgebracht hat. Und es wird bei der Kolonialismusdebatte genauso sein. Ich schätze, in fünf oder zehn Jahren werden wir viel weiter sein ...

Jureit: ... in fünf Jahren wahrscheinlich noch nicht, aber in zehn vielleicht. Das heißt ja, dass die Dinge sich auch wieder beruhigen, und das ist, finde ich, eigentlich eine gute Perspektive, weil es bedeutet, es lohnt sich, jetzt darüber zu streiten. Es lohnt sich, darüber kontrovers zu diskutieren. An diesen Beispielen, die Bill Niven eben genannt hat, also die Debatte um das Speziallager in Buchenwald zum Beispiel, sehen wir, wie heftig es zur Sache gehen kann, wir wissen heute retrospektiv aber, dass sich die Dinge auch wieder beruhigen. Es gibt dann bestimmte Formate der Darstellung, mit denen wahrscheinlich nicht alle glücklich, die aber in gewisser Weise konsensfähig sind. Für das postkoloniale Thema wünscht man sich auch, dass wir durch einen kontroversen und auch ernsten Disput gehen, der allerdings insgesamt mehr Respekt zeigen sollte vor abweichenden Positionen.

Ich finde es schon sehr beunruhigend, wie stark die Ideologisierung fortgeschritten ist, wie unproduktiv die gegenseitigen Vorwürfe von Rassismus, Antisemitismus und Ähnlichem sind. Diese Polarisierung ist meiner Meinung nach sehr schädlich für unsere Streitkultur, und in den meisten Fällen ist sie auch überflüssig. Ich bin immer zögerlich bei der Frage: Was wünschen wir uns? Ich sehe es eigentlich als Historikerin nicht als meine Aufgabe an zu sagen, was wir uns für die Zukunft wünschen, sondern eher darin aufzuzeigen, wie wir verstehen können, warum wir da sind, wo wir aktuell stehen, und wie es dazu kommen konnte.

Morina: Aber ich möchte noch ein letztes Mal nachhaken: Könnten Sie dies auch beispielhaft auf die Gedenkstätte »Stalag 326« in Schloss Holte-Stukenbrock übertragen? Was müsste der Ort leisten, um eine aus Ihrer Sicht angemessene Thematisierung der Verbrechen an sowjetischen Kriegsgefangenen zu bieten und zugleich Raum zu geben für ein überregional sichtbares Gedenken daran?

Jureit: Man muss sich als Erstes davon verabschieden, dass sich die Dimension des Verbrechens in der Gestaltung eines Ortes widerspiegelt. So funktioniert Gedenk- und Geschichtskultur nicht. Wir verfügen zum Thema der sowjetischen Kriegsgefangenen ja schon seit dem Buch von Christian Streit *Keine Kameraden*, das 1978 erschien, über viel Wissen. Das Interesse daran hat zwischenzeitlich zwar auch wieder nachgelassen, aber es hat Forschung zu diesem Thema gegeben. Sicherlich gibt es noch viel zu tun, aber auf der geschichtskulturellen Ebene ist das zweifellos ein Projekt, das es verdient, unterstützt zu werden. Und es sollte auch nicht mit dem Argument ausgehebelt werden, wir hätten ja schon so viele Gedenkstätten, daher könnten wir dieses Vorhaben eher klein halten. Das ist meines Erachtens die falsche Argumentation. Gleichzeitig stehen wir vor der Situation, dass wir darüber nachdenken müssen, was es eigentlich bedeutet, große Gedenkstätten einzurichten. Ist das nicht etwas, was beispielsweise dem Charakter des Friedhofs gar nicht angemessen ist? Ist das auf Dauer finanzierbar? Ich würde argumentieren, es geht aktuell vor allem darum, diese Orte als historische Orte zu sichern. Die Vermittlungsarbeit kommt ohnehin, aber erst einmal geht es um die Sicherung der Bausubstanz und der Quellen. Darauf sollte man sich meines Erachtens jetzt und in nächster Zeit konzentrieren.

Morina: Ich danke Ihnen, dass Sie am Ende noch einmal ausführlicher auf diese hier in der Region sehr intensiv diskutierte Frage eingegangen sind. Ich denke, unser Gespräch hat nicht zuletzt am Beispiel des »Stalag 326« gezeigt, dass man über die Zukunft des NS-Gedenkens nur sinnvoll reden und nachdenken kann, wenn wir die längere bundesrepublikanische beziehungsweise deutsch-deutsche politische Kultur- und Gedenkgeschichte nicht aus den Augen verlieren. Vielen Dank, Ulrike Jureit und Bill Niven!

Anmerkungen

1 Ulrike Jureit, Magie des Authentischen: das Nachleben von Krieg und Gewalt im Reenactment, Göttingen, 2020; Ulrike Jureit/Christian Schneider/Margrit Frölich (Hrsg.), Das Unbehagen an der Erinnerung. Wandlungsprozesse im Gedenken an den Holocaust, Frankfurt am Main, 2012.
2 Ulrike Jureit/Christian Schneider, Gefühlte Opfer: Illusionen der Vergangenheitsbewältigung, Stuttgart, 2010. Zudem erschien jüngst eine weitere Auseinandersetzung mit erinnerungskulturellen Fragen: Ulrike Jureit, Erinnern als Überschritt: Reinhart Kosellecks geschichtspolitische Interventionen, Göttingen, 2023.
3 William John Niven, The Reception of Friedrich Hebbel in Germany in the Era of National Socialism, Stuttgart, 1984.
4 Bill Niven, The Reception of Steven Spielberg's Schindler's List in the German Media, in: Journal of European Studies XXV (1995), S. 165–189; Bill Niven, Facing the Nazi Past: United Germany and the Legacy of the Third Reich, London/New York, 2021.
5 Bill Niven (Hrsg.), Germans as Victims, London/New York, 2006; Bill Niven, Das Buchenwaldkind, Halle/Saale, 2009; Bill Niven (Hrsg.), Die »Wilhelm Gustloff«: Geschichte und Untergang eines Schiffes, Halle/Saale, 2011.
6 Stefan Berger/Bill Niven (Hrsg.), Writing the History of Memory, London, 2014.
7 Bill Niven, Jüngere Strömungen deutscher Erinnerungskultur – einige Beobachtungen, in: Magnus Brechtken (Hrsg.), Aufarbeitung des Nationalsozialismus: Ein Kompendium, Göttingen, 2021, S. 647–668.
8 Michael Rothberg, Multidirectional Memory: Remembering the Holocaust in the Age of Decolonization, Stanford, 2009; auf Deutsch als: Multidirektionale Erinnerung. Holocaustgedenken im Zeitalter der Dekolonisierung, Berlin, 2021.
9 Bill Niven, Jud Süß: das lange Leben eines Propagandafilms, Halle/Saale 2022.
10 Vgl. dazu den Stenografischen Bericht zur 163. Sitzung, Bonn, Donnerstag, den 13. März 1997, S. 14708–14729. Zur Einordnung vgl. u. a. Niven, Facing the Nazi Past, S. 143–174.
11 Jureit, Geschichte als Identitätsressource, S. 29.
12 Vgl. Jureit, Erinnern als Überschritt.
13 Zug der Erinnerung: Ein Bund der Generationen, online: http://www.zug-der-erinnerung.eu/zug.html.
14 Vgl. dazu u. a. Frank Bajohr/Andrea Löw (Hrsg.), The Holocaust and European Societies: Social Processes and Social Dynamics, London, 2016; Christina Morina, In Search of the Bystander: Some Reflections on the »Social Turn« in Holocaust Studies and its Ramifications, in: Mary Fulbrook/Stephanie Bird (Hrsg.), Compromised Identities? Perpetration and Complicity under Nazism and Beyond, London, 2023, S. 69–83.

15 Ulrike Jureit/Christian Schneider, Gefühlte Opfer: Illusionen der Vergangenheitsbewältigung, Stuttgart, 2010.

16 Habbo Knoch, Gedenkstätten, Version: 1.0, in: Docupedia-Zeitgeschichte, 11.09.2018, online: http://docupedia.de/zg/Knoch_gedenkstaetten_v1_de_2018, S. 16.

17 Harold Marcuse, Legacies of Dachau: The Uses and Abuses of a Concentration Camp, 1933–2001, Cambridge, 2001.

18 Jenny Wüstenberg, Civil Society and Memory in Postwar Germany, Cambridge, 2017.

19 Zit. n. Sabine Beppler-Spahl, Links und rechts vereint im Hass auf Israel, in: Novo. Argumente für den Fortschritt, 21.02.2024, online: https://www.novo-argumente.com/artikel/links_und_rechts_vereint_im_hass_auf_. Schon 2009 hat die NPD Gaza mit Dresden verglichen, siehe: Olaf Sundermeyer, Marsch zurück in braune Zeiten, in: Die Zeit, 14.02.2009, online: https://www.zeit.de/online/2009/08/dresden-demo-neonazi/komplettansicht.

20 Über die Grenzen: Kinder auf der Flucht 1939/2015 (Jüdisches Museum Augsburg Schwaben), Juli–Oktober 2019; Kinderemigration aus Frankfurt (Deutsche Nationalbibliothek), September 2021 – Mai 2022; Kinder auf der Flucht. Kindertransporte 1938–1939 (Jüdisches Museum Westfalen, Dorsten), April 2022 – Juli 2022).

21 Katrin Diehl, Das Mädchen aus Fischach, in: Jüdische Allgemeine Zeitung, 25.07.2019, online: https://www.juedische-allgemeine.de/unsere-woche/das-maedchen-aus-fischach/. Siehe auch Amy Williams/Bill Niven, National and Transnational Memories of the Kindertransport: Exhibitions, Memorials, and Commemorations, New York, 2023, S. 210–213.

22 Mit dem Stadtlabor auf Spurensuche im Heute – Frankfurt und der NS (Historisches Museum, Frankfurt am Main, Dezember 2021 – September 2022.

23 Mit dem Stadtlabor auf Spurensuche im Heute – Frankfurt und der NS, S. 7, online: https://www.historisches-museum-frankfurt.de/sites/default/files/uploads/hmf_mit_dem_stadtlabor_auf_spurensuche_im_heute_begleitheft.pdf.

24 Jürgen Zimmerer/Michael Rothberg, Enttabuisiert den Vergleich, in: Die Zeit, 04.04.2021, https://www.zeit.de/2021/14/erinnerungskultur-gedenken-pluralisieren-holocaust-vergleich-globalisierung-geschichte.

25 Michael Rothberg, Holocaust und Kolonialismus: Wissenschaftler müssen vergleichen, in: Berliner Zeitung, 08.02.2022, online: https://www.berliner-zeitung.de/kultur-vergnuegen/debatte/zweiter-historikerstreit-michael-rothberg-wissenschaftler-muessen-vergleichen-li.210124.

26 A. Dirk Moses, The German Catechism, in: Geschichte der Gegenwart, 23.05.2021, online: https://geschichtedergegenwart.ch/the-german-catechism; Jürgen Zimmerer/Michael Rothberg, »Enttabuisiert den Vergleich«; Susan Neiman/Michael Wildt (Hrsg.), Historiker streiten. Gewalt und Holocaust – die Debatte, Berlin, 2022.

27 Almost a Quarter of Young Dutch Deny Holocaust or Think It's Exaggerated: Survey, in: Reuters, 25.01.2023, online: https://www.reuters.com/world/almost-quarter-young-dutch-deny-holocaust-or-think-its-exaggerated-survey-2023-01-25/.

28 Rothberg, Multidirectional Memory, S. 310.

29 Siehe Yifat Gutman/Jenny Wüstenberg (Hrsg.), The Routledge Handbook of Memory Activism, Oxford/New York, 2023.

30 Am Ende des Tunnels: Die Kindertransporte vor 80 Jahren aus Berlin (Kommunale Galerie Berlin, Charlottenburg-Wilmersdorf), August–Oktober, 2019, online: https://www.photowerkberlin.com/blogs/blog/am-ende-des-tunnels.

31 Zu den Ergebnissen des Projektseminars vgl. Christina Morina/Jens Hecker (Hrsg.), Gedenke, wo du stehst! Das Engagement für die Gedenkstätte »Stalag 326 (VI K) Senne« in der politischen Kulturgeschichte der Bundesrepublik, 1945 bis heute, Berlin, 2025 (im Erscheinen).

32 Bill Niven, »Jüngere Strömungen deutscher Erinnerungskultur«, S. 655; ders., Generation War and Post-Didactic Memory. The Nazi Past in Contemporary Germany, in: Patrick Finney (Hrsg.), Remembering the Second World War, London, 2018, S. 30–45.

Teil 2

Gegenwart und Zukunft des öffentlichen Erinnerns an den Nationalsozialismus

Natan Sznaider & Ahmad Mansour
im Gespräch mit Anna Strommenger

Vorbemerkung: Die nachfolgende Diskussion wurde vor dem 7. Oktober 2023 geführt, also zu einem Zeitpunkt, als das antisemitische Massaker der palästinensischen Terrororganisation Hamas und ihrer Verbündeten noch nicht stattgefunden hatte. Der eliminatorische Charakter des 7. Oktober, die mediale Inszenierung und Glorifizierung der Grausamkeit, die verbreitete Empathielosigkeit gegenüber den jüdischen Opfern und die globale Zunahme des Antisemitismus machen ihn zu einer Zäsur. Angriffe auf Orte des Gedenkens an die Opfer der Shoah und Slogans wie »Free Palestine from German Guilt« verdeutlichen die Relevanz des 7. Oktober für die im Folgenden zur Debatte stehenden Fragen. Auch wenn wir das Gespräch nach dem 7. Oktober anders geführt hätten, haben sich alle Beteiligten dazu entschieden, es in der ursprünglichen Form zu belassen. Es hat als Zeitdokument seinen eigenen Wert, und dessen zentrale Gedanken bleiben weiterhin gültig. Sowohl Natan Sznaider[1] als auch Ahmad Mansour[2] haben sich inzwischen an anderer Stelle intensiv mit dem 7. Oktober und seinen Folgen auseinandergesetzt.

Strommenger: Sehr geehrte Damen und Herren, es ist mir eine Freude und Ehre, das Thema der Gegenwart und Zukunft des öffentlichen Erinnerns an den Nationalsozialismus mit zwei ausgewiesenen Experten diskutieren zu dürfen, die zugleich als kritische Kommentatoren in der öffentlichen Debatte von zentraler Bedeutung sind. Herzlich willkommen, Herr Sznaider und herzlich willkommen, Herr Mansour. Ich freue mich, dass Sie aus Tel Aviv und Berlin nach Bielefeld zu unserer Diskussion gekommen sind.

Bevor ich beide Gäste kurz vorstelle, möchte ich selbst einige einführende Worte sagen. Die immer wieder aufs Neue diskutierte Frage nach Gegenwart und Zukunft des Erinnerns an den Nationalsozialismus und den Holocaust hat durch die medienwirksam lancierten Vorwürfe, die deutsche Gedenkkultur zeichne sich durch Provinzialität aus und bedürfe daher einer postkolonialen Erneuerung, an Dringlichkeit gewonnen. Angesichts dieser Entwicklungen ist das öffentliche Gedenken an den Holocaust in den vergangenen Jahren unter enormen Druck geraten. Hinzu kommt die Frage, wie sich Migrationsprozesse und die mit ihnen verbundenen historischen Erfahrungen auf die bundesrepublikanische Erinnerungskultur ausgewirkt haben und wie sie sich zukünftig auswirken sollten. Vor diesem bisweilen unübersichtlichen Hintergrund ist es ein wesentliches Ziel unseres Gespräches, die oftmals unhinterfragt bleibenden (politischen) Prämissen der aktuellen Kontroverse kritisch in den Blick zu nehmen. Zu diesen Prämissen gehört meines Erachtens unter anderem das nicht weiter begründete Postulat der Notwendigkeit eines zeitgemäßen Erinnerns, das heute bereits thematisiert wurde. Gleiches gilt für die nicht empirisch belegte Behauptung, das Holocaustgedenken habe eine gesellschaftliche Auseinandersetzung mit den Opfern des deutschen Kolonialismus bislang verhindert.

Und damit möchte ich Ihnen unseren ersten Gast, Natan Sznaider, vorstellen: Er lebt in Tel Aviv und war dort bis vor kurzem Professor für Soziologie am Academic College of Tel Aviv-Yaffo. Natan Sznaider ist 1954 in Deutschland geboren, in Mannheim aufgewachsen und im jungen Erwachsenenalter von dort nach Israel gezogen, wo er seitdem lebt. Nach dem Studium der Soziologie, Psychologie und Geschichte in Tel Aviv und den USA wurde er 1992 an der Columbia University über die Sozialgeschichte des Mitleids promoviert. Im Anschluss arbeitete er unter anderem am Leo Baeck Institut in Berlin und hat an der Columbia University, an der Hebräischen Universität in Jerusalem und an der LMU in München geforscht und gelehrt. Seit 1994 war er außerordentlicher Professor und bekleidete seit 1996 den Lehrstuhl für Soziologie am bereits genannten Academic College of Tel Aviv-Yaffo. Zuletzt war er 2022 auf Einladung von Michael

Brenner erneut in München. Zu Natan Sznaiders Forschungsschwerpunkten gehören unter anderem die Kultursoziologie, die Politische Theorie, insbesondere die Arbeiten von Hannah Arendt, sowie Fragen von Globalisierung und Kosmopolitismus. Für unser heutiges Thema besonders wichtig ist, dass er sich in seinen Werken mit dem Verhältnis von Erinnerung und Geschichtsschreibung zur Shoah und dem Problem des Antisemitismus befasst hat. Meines Erachtens, lieber Natan Sznaider, besteht ein wiederkehrendes Moment in Ihren Arbeiten darin, dass Sie sich immer wieder mit der Frage befassen, in welchem Verhältnis Universalismus und Partikularismus zueinanderstehen, gestanden haben und stehen sollten.

Natan Sznaider hat zu dem heute debattierten Thema zahlreiche grundlegende Bücher verfasst, von denen ich nur einige besonders wichtige nennen möchte. Dazu gehört das 2001 publizierte, gemeinsam mit Daniel Levy verfasste Buch *Erinnerungen im globalen Zeitalter: Der Holocaust*, das 2007 in aktualisierter Neuauflage publiziert wurde und 2006 in englischer Übersetzung unter dem Titel *The Holocaust and Memory in the Global Age* erschien.[3] Auch zur Frage des Antisemitismus hat Natan Sznaider wegweisende Arbeiten vorgelegt. Zu nennen sind zuvorderst *Neuer Antisemitismus? Eine globale Debatte* sowie *Neuer Antisemitismus? Fortsetzung einer globalen Debatte*.[4] Von besonderer Bedeutung für unser heutiges Thema ist nicht zuletzt eines seiner aktuellsten Bücher, *Fluchtpunkte der Erinnerung. Über die Gegenwart von Holocaust und Kolonialismus*, das für den Deutschen Sachbuchpreis 2022 nominiert war.[5] Natan Sznaider ist nicht nur durch seine Bücher eine wichtige öffentliche Stimme, sondern meldet sich auch regelmäßig in Zeitungsartikeln und Interviews ebenso pointiert wie dezidiert zu den hier infrage stehenden Themen zu Wort. Ein wichtiges Anliegen besteht dabei darin, so würde ich sagen, die Argumente in der aktuellen Kontroverse zu historisieren. Meines Wissens gibt es kein Buch außer Ihr *Fluchtpunkte der Erinnerung*, das auf eine ähnlich profunde Weise versucht hätte, die ideengeschichtlichen und politischen Hintergründe der aktuellen Debatte zu rekonstruieren und auf diese Weise zu historisieren.

Damit komme ich zu unserem zweiten Gast, Ahmad Mansour. Er lebt in Berlin und hat dort seit Ende 2017 zusammen mit seiner Frau Beatrice Mansour die Geschäftsführung der gemeinsam gegründeten Mansour-Initiative für Demokratieförderung und Extremismusprävention, kurz mind prevention, inne. Ahmad Mansour wurde 1976 als Sohn arabischer Israelis in Kfar Saba geboren und ist dort aufgewachsen. Von 1996 bis 1999 studierte er an der Akademischen Hochschule Tel-Aviv Psychologie, Soziologie und Anthropologie. 2004 zog er von Israel nach Berlin, wo er sein Studium als Diplompsychologe abschloss, seitdem lebt und arbeitet er dort. Zu Ahmad Mansours Arbeitsbereichen gehören Antisemitismus in der muslimischen Community, der politische Islam und die Radikalisierung muslimischer Jugendlicher, die Unterdrückung von Frauen im Namen der »Ehre« sowie das Verhältnis von Integration und Demokratie.

Ahmad Mansour ist ein gefragter Kommentator und Ratgeber in verschiedenen politischen Zusammenhängen und äußert sich in der öffentlichen Debatte immer wieder zu den Fragen, die wir heute diskutieren. Zudem arbeitet er als Psychologe schon lange mit Jugendlichen unterschiedlicher biografischer Hintergründe, unter anderem zu Fragen von Radikalisierung, Antisemitismus und Gleichberechtigung der Geschlechter. So hat sich die bereits genannte Mansour-Initiative »die Prävention von muslimischem Extremismus und Antisemitismus sowie die Förderung eines gleichberechtigten Miteinanders auf der Grundlage unserer freiheitlich demokratischen Grundwerte« zum Ziel gemacht.[6] In diesem Rahmen steht auch das Projekt *ReMEMBER*, das für das heute diskutierte Thema zentral ist. Das Projekt zielt in Kooperation mit der KZ-Gedenkstätte Flossenbürg darauf, NS-Geschichte an Jugendliche mit und ohne Migrationshintergrund zu vermitteln, und befasst sich dabei mit der Frage, inwiefern dafür stets auch eine Auseinandersetzung mit gegenwärtigen Formen von Antisemitismus notwendig ist. Herr Mansour hat für sein Engagement zahlreiche Auszeichnungen erhalten, von denen ich zwei nennen möchte: 2022 wurde er mit dem Bundesverdienstkreuz am Bande des Verdienstordens ausgezeichnet und ebenfalls 2022 mit der Ehrendoktorwürde der Theologischen Fakultät der Universität Basel. Zudem hat auch Ahmad Mansour zu dem Thema, das wir hier besprechen, wichtige, breit rezipierte Bücher vorgelegt. Ich möchte an dieser Stelle drei nennen: erstens *Klartext zur Integration: Gegen falsche Toleranz und Panikmache*, das 2018 erschien, zweitens *Solidarisch sein! Gegen Rassismus, Antisemitismus und Hass*, 2020 erschienen, und drittens *Operation Allah. Wie der politische Islam unsere Demokratie unterwandern will* von 2022.[7]

Sowohl Natan Sznaider als auch Ahmad Mansour sind wichtige kritische Stimmen in der öffentlichen Debatte zum Verhältnis von Erinnerungskultur und Antisemitismus. Eine bemerkenswerte Parallele besteht dabei meines Erachtens darin, dass Sie, lieber Herr Sznaider und lieber Herr Mansour, beide als Kritiker auftreten, die ihre Positionen dezidiert vertreten und verteidigen. Gleichzeitig machen Sie beide immer wieder deutlich, wie sehr Sie an Debatten und an einem Dialog interessiert sind. Diese Verbindung, so meine ich, ist nicht so häufig gegeben. Deswegen freue ich mich umso mehr, heute mit Ihnen beiden zu diskutieren.

Und damit möchte ich Natan Sznaider und Ahmad Mansour bitten, mit Ihren Impulsvorträgen zu beginnen, auf die ich sehr gespannt bin.

Impuls 1: Natan Sznaider

Schönen guten Nachmittag! Ich freue mich, dass ich da bin, und ich bin auch sehr aufgeregt, mit Ahmad Mansour zusammen auf dem Podium zu sitzen. Wir machen das zum ersten Mal. Wir haben uns zuletzt vor 26 Jahren getroffen, als ich sein Professor war und er mein Student. Jetzt werden wir auf einer ganz anderen Ebene miteinander reden und darauf freue ich mich sehr. Es ist immer schwierig, die zweite Staffel zu bespielen in so einer Veranstaltung, weil eigentlich schon alles gesagt worden ist, was es zu sagen gibt, nur eben noch nicht von uns. Und jetzt müssen wir irgendwie noch eins drauflegen und die Aufmerksamkeit der Zuhörerinnen und Zuhörer lebendig halten, und darum werde ich mich bemühen mit meinem kurzen Impuls.

Fangen wir mal damit an. Der Begriff des zeitgemäßen Erinnerns ist ein furchtbarer, schlechter Begriff. Was heißt zeitgemäß? Dass das Erinnern modern ist, dass es sich irgendwie anpassen muss? Und was ist dann ein unzeitgemäßes Erinnern? Ein Erinnern, das irgendwie aus der Welt herausgefallen ist und nicht mehr stimmt? Und in dem Moment, wo wir annehmen, dass es so etwas wie zeitgemäßes Erinnern gibt, nehmen wir auch gleichzeitig an, dass es unzeitgemäßes Erinnern gibt – also richtig, falsch, gut, schlecht? Aber so ist es ja nicht. Es ist die Existenz von nebeneinander bestehenden Weltanschauungen. Das ist Teil dessen, was unser modernes Leben ausmacht. Es ist auch gut so, und ich möchte das einmal bildlich darstellen.

Wir leben in der Gegenwart, das ist nicht nur temporal, sondern das ist auch ein Raum. Und in dieser Gegenwart gibt es Menschen, die zurückschauen und die Gegenwart als das Ende der Vergangenheit sehen, und sie schauen dann in diese Richtung, also zurück. Ihnen gegenüber, vielleicht sogar mit dem Rücken zu ihnen, stehen Menschen, die sehen dieselbe Gegenwart, auf der sie wie die anderen stehen, nicht als das Ende der Vergangenheit, sondern als Beginn der Zukunft. Diese beiden Gruppen sehen einander nicht. Und wenn sie sich dann umdrehen und einander anschauen, dann schreien sie sich meistens an, weil sie vorher andere Dinge gesehen haben, die der andere nicht gesehen hat, denn wenn man die Gegenwart als das Ende der Vergangenheit betrachtet, dann sieht man natürlich nicht dasselbe, als wenn man die Gegenwart als den Beginn der Zukunft betrachtet. Das zu verbinden, ist, glaube ich, in einer so differenzierten Gesellschaft wie jener, in der wir leben, fast unmöglich. Das heißt also: Zeitgemäßes oder unzeitgemäßes Erinnern ist ein Erinnern, bei dem jeder von sich glaubt, dass er zeitgemäß erinnert und der andere natürlich unzeitgemäß erinnert. Und das ist ja auch in Teilen das, was wir im ersten Panel gehört haben. Ich habe da fleißig mitgeschrieben, weil Teile des Impulses, den ich geben wollte, schon von Bill und Ulrike großartig vorgetragen worden sind.

Ich will nur noch ein paar Aspekte einwerfen, die besprochen wurden und über die ich mir einige Gedanken gemacht habe. Das Ende der Zeitzeugenschaft ist ein Riesenthema, darüber reden unheimlich viele Leute. Mir allerdings fällt zum Ende der Zeitzeugen ein: Na und? Was heißt das? Warum sind Zeitzeugen wichtig? Was haben Zeitzeugen zu einer Debatte eigentlich beizutragen, außer dass sie Zeitzeugen waren? Ich gebe Ihnen ein Beispiel: Ich bin mit Zeitzeugen aufgewachsen. Hat das zu meinem Verständnis der Geschichte beigetragen? Nein, gar nichts, weil Zeitzeugen sich an das erinnern, was ihnen widerfahren ist. Zum Beispiel meine Eltern – als ihnen das passiert ist, was passiert ist, ist ihnen in der Erinnerung genau das passiert, was ihnen passiert ist. Da gab es keinen Rahmen. Hinterher hatten sie den Rahmen. Sie waren Überlebende des Holocaust. Aber als sie darin waren, durchliefen sie eine furchtbare Maschine, die sie nicht einordnen konnten. Sie wussten auch nicht genau, was das ist, was sie da erlebten, denn wer kannte schon die gesamten Zusammenhänge? Zeitzeugen? Menschen haben gelitten. Das ist das Einzige, was Zeitzeugen sagen können. In dem Moment, wo Zeitzeugen nur sagen können, dass Menschen gelitten haben, ist das keine profunde Aussage. Menschen haben immer gelitten. Menschen werden immer leiden. Da kann man nur sagen: Na und? Das bringt einen nicht weiter. Das macht einen nicht zum besseren Menschen, wenn man das weiß, überhaupt nicht.

Und natürlich wissen auch diejenigen, die sich mit Zeitzeugenerinnerungen professionell beschäftigen, dass sich diese Erinnerungen ständig verändern. Ich erinnere mich, dass meine Mutter *Schindlers Liste* (1993) gesehen und dann ihre Erinnerung darüber, was ihr passiert ist, dem Film angepasst hat. Ihre Erinnerung hat sich also geändert, was auch okay ist. Als Psychologe redet man nicht mehr von Wahrheit, sondern von emotionaler Wahrheit, die ja auch spannend ist. Wenn man über Zeitzeugen und die Pluralisierung der Erinnerung spricht, dann ist es so, dass die Pietät uns verbietet, den Tod eines Menschen, das Leiden eines Menschen oder eines Kollektivs mit dem Tod von anderen Menschen oder dem Leiden anderer Menschen oder eines anderen Kollektivs zu vergleichen oder in irgendeine Beziehung zu setzen.

Wenn wir pietätvolle Menschen sind, dann sollen wir das nicht machen, aber wenn wir Wissenschaftler sind und uns historischer Urteilskraft bedienen, dann müssen wir das natürlich machen. Das heißt, die Pietät verbietet uns etwas, was die historische Urteilskraft von uns fordert. Wir leben also in zwei verschiedenen Welten, der emotionalen und der wissenschaftlichen Welt, die jeweils mit ganz unterschiedlichem Vokabular arbeiten. Dieses Vokabular, das vielleicht früher – auch über die dahinterstehenden Gründe können wir diesbezüglich reden – schön auseinandergehalten wurde, wird jetzt in einem Kochtopf zusammengerührt zu einer Soße, in der dann sowohl historische Urteilskraft als auch pietätvolles Umgehen mit der Erinnerung gemeinsam aufgekocht werden, und dabei kommt eine nicht sehr wohlschmeckende Soße heraus, würde ich sagen.

Strommenger: Vielen Dank, Herr Sznaider, für den sehr eindrucksvollen Impuls, der unter anderem die zentrale Frage nach dem Verhältnis von Erinnern und Gedächtnis einerseits, Geschichte beziehungsweise Geschichtsschreibung andererseits in den Fokus genommen hat. Das ist ein Spannungsverhältnis, auf das wir im weiteren Gesprächsverlauf sicher verschiedentlich zurückkommen werden. Doch zunächst möchte ich Sie, Herr Mansour, bitten, Ihren Impuls zu geben.

Impuls 2: Ahmad Mansour

Ich glaube, ich war noch nie so gestresst, einen Vortrag zu halten, und das aus mehreren Gründen. Der eine ist, dass ich kein Wissenschaftler bin, und wenn ich dann diese mächtigen Stimmen höre, frage ich mich, was ich hier mache. Und zweitens gibt es sehr interessante Forschungen in der Psychologie über situative Erinnerungen, wenn man beispielsweise Bilder sieht, die einen an bestimmte Situationen und Erlebnisse erinnern. Und jetzt, nach 26 Jahren, sehe ich meinen Professor hier. Als ich das erfahren habe, dass wir hier zusammen auf dem Panel sitzen werden, war ich schockiert, wie klein die Welt ist – da muss man erst nach Deutschland migrieren, hier 18 Jahre leben und nach Bielefeld kommen, um den Professor aus Tel Aviv wiederzusehen. Auf den Professor zu treffen, ist als Student immer eine sehr stressige Situation, vor allem, weil Natan damals sehr, sehr klare Worte gefunden hat. Drittens habe ich, glaube ich, in den letzten 15 Jahren Tausende Vorträge gehalten und habe viel über meine Biografie gesprochen: Ich habe mich mit 13 Jahren radikalisiert, ich bin arabischer Israeli, war Teil der Muslimbrüder, Antisemit, komme aus einer antisemitischen Familie. Aus einer biografischen Betroffenheit heraus hat meine palästinensische Familie schon 1948 gegen Israel gekämpft und diese Schwarz-Weiß-Bilder über Israel, die Juden und den Nahostkonflikt reproduziert.

Meine Befreiung war das Studium in Tel Aviv, meine Befreiung von diesen radikalen Tendenzen waren die Texte, die ich lesen musste (ich habe immer noch diese Broschüre mit allen möglichen Philosophen und Soziologen), und der Zufall, dass ich eigentlich der einzige arabische Israeli an der Fachhochschule war und gezwungenermaßen irgendwie mit den Menschen, die für mich damals meine Feinde waren, klarkommen musste. Durch diese Begegnungen habe ich sehr schnell viele meiner Vorurteile infrage gestellt. Es war damals emotional wichtig für mich persönlich, es ist aber für meine pädagogische Arbeit heute ebenso wichtig, denn ich versuche, das, was ich erlebt habe, in die Arbeit mit den Jugendlichen einzubeziehen und meine Erkenntnisse auf diese Weise weiterzugeben.

Ich bin ein politischer Mensch und als solcher habe ich bestimmte Meinungen zu bestimmten Themen. Wie gesagt, ich bin kein Wissenschaftler, und meine Meinung ist natürlich nicht heilig, aber ich möchte sie in diesem Kontext äußern, auch wenn ich mir nicht anmaße, Kritik zu üben oder die wissenschaftliche Arbeit zur Erinnerung infrage zu stellen. Als politischer Mensch sehe ich gewisse Entwicklungen, die mir Sorgen machen und die ich hier infrage stellen und darüber mit Ihnen diskutieren möchte.

Als jemand, der den Holocaust erst in Deutschland wirklich kennengelernt hat – auch wenn ich aus einem Land komme, das eigentlich nur existiert, weil es den Holocaust gab –, als jemand, der teilweise selbst den Holocaust relativiert hat und Kontakt mit vielen Menschen hatte, die den Holocaust nicht ernst genommen haben, weiß ich, wie wichtig es für meine Arbeit, aber auch für die Erinnerungskultur ist, von der Einzigartigkeit des Holocaust zu sprechen und die geschichtliche Einmaligkeit dessen, was damals passiert ist, zu thematisieren. Als politischer Mensch sehe ich Entwicklungen, die genau das infrage stellen, und ich will dagegenhalten. Wenn im Kanzleramt ein palästinensischer

Präsident von 50 Holocausts spricht, dann ist das ein Angriff auf diese Einzigartigkeit. Wenn Texte in deutschsprachigen Tageszeitungen veröffentlicht werden, in denen die Muslime als die neuen Juden bezeichnet werden, dann ist das ein Angriff genau auf diese Einzigartigkeit. Wenn überall zu lesen und zu hören ist, dass das, was Israel mit den Palästinensern macht, genau das ist, was die Nazis damals mit den Juden gemacht haben, dann stimmt diese Gleichsetzung zum einen nicht mit den realen politischen Verhältnissen überein. Zum anderen stellt sie einen Angriff auf die Einzigartigkeit des Holocaust dar, insbesondere wenn solch eine Gleichsetzung in Deutschland getroffen wird – dem Land der Täter.

Zu all dem kommt natürlich noch der Postkolonialismus hinzu, den ich stark kritisiere. Trotz meiner Kritik halte ich aber eine Sache für absolut legitim und wichtig, über die wir auch in der Pause gesprochen haben: dass die kolonialen Verbrechen nicht infrage zu stellen sind. Es steht außer Frage, dass Menschen enorm gelitten haben und dass der Kolonialismus eine grausame Besonderheit in der Geschichte ist. Aber den Holocaust mit den Verbrechen der Kolonialzeit gleichzusetzen, wie es Vertreter des Postkolonialismus postulieren, halte ich erstens für historisch falsch und zweitens für einen Angriff auf die Einzigartigkeit des Holocaust. Und diese Einschätzung will ich hier weitergeben und mit Ihnen darüber diskutieren, vor allem weil ich feststelle, dass diese Gleichsetzung und Relativierung des Holocaust unter Jugendlichen, die nicht mit der Schuldfrage großgeworden sind, die eine gewisse Distanz und Emotionslosigkeit in Bezug auf diese historischen Ereignisse haben, heute viel häufiger erfolgen als vielleicht vor 20 oder 30 Jahren.

Außerdem denke ich, dass der Blickwinkel, aus dem wir das Ganze betrachten, einer der wichtigsten Aspekte ist, wenn wir über Erinnerungskultur sprechen. Und Erinnerungskultur verpflichtet nicht nur dazu, über die Toten zu sprechen, sie zu ehren und einmal im Jahr traurig zu sein über das, was passiert ist, sondern sie verpflichtet ebenso dazu, mit Blick auf die Zukunft menschenfeindlichen Ideologien und vor allem auch dem Antisemitismus entgegenzuwirken. Wenn ich sehe, welche Ausprägungen der Antisemitismus mittlerweile hier in Deutschland angenommen hat, dann muss ich mich fragen, ob unsere Erinnerungskultur in der Art und Weise, wie wir sie derzeit praktizieren, überhaupt zielführend ist. Ob die Maßnahmen funktionieren bei Menschen ohne Migrationshintergrund und ob sie funktionieren bei Menschen, die von der Schuldfrage überhaupt nicht betroffen sind, weil sie ihren biografischen Hintergrund nicht in Deutschland haben und ganz anders sozialisiert wurden. Weil sie aus Ländern kommen, in denen die Auseinandersetzung mit dem Holocaust entweder gar nicht stattgefunden hat oder auf eine Art und Weise, die dessen Einzigartigkeit nicht berücksichtigt.

Mir fällt immer wieder auf, dass »Nie wieder!« in Deutschland, im Westen insgesamt und in Israel unterschiedlich verstanden wird. Genau durch dieses heterogene Verständnis von »Nie wieder!« kommt es immer wieder zu massiven Missverständnissen in Bezug auf Israel, dessen Politik natürlich kritisiert werden darf. Und es gibt an der neuen Regierung und ihrer Politik mittlerweile genug zu kritisieren, aber das ist ein anderes Thema. Wenn wir hier in Deutschland von »Nie wieder!« reden, bedeutet das »Nie wieder Krieg!«, »Nie wieder Morden!«, »Nie wieder soll das passieren, was damals passiert ist!«. Es ist also hauptsächlich auf die Vergangenheit ausgerichtet. Das israelische »Nie wieder!« ist mit dem Ziel verbunden »Nie wieder Opfer zu werden!«, »Nie wieder schwach zu sein!«, »Nie wieder so etwas überhaupt zu ermöglichen!«. Es ist also mit einem Auftrag für die Zukunft verbunden. Genau die benannten Unterschiede schaffen immer wieder ein sehr verzerrtes Bild und Verständnis von Erinnerungskultur. Ich stelle fest, dass der israelbezogene Antisemitismus mittlerweile eine große Rolle in Deutschland spielt. Diesen müssen wir auch mit einbeziehen, wenn wir über eine Erinnerungskultur sprechen, die in Richtung Zukunft orientiert ist und nicht nur in Richtung Vergangenheit. Die genannten Angriffe auf die Einzigartigkeit des Holocaust sollten politisch diskutiert werden. Vielen Dank.

Strommenger: Ich bedanke mich auch bei Ihnen, Herr Mansour, herzlich für den wichtigen Impuls, der Fragen, die bereits im ersten Panel diskutiert wurden, noch einmal in größere politische Zusammenhänge eingeordnet hat. Und auch noch einmal herzlichen Dank an Sie, Herr Sznaider. Wir werden die aufgeworfenen Punkte in der weiteren Diskussion wieder aufgreifen.

Lassen Sie mich zum Einstieg noch etwas zur Gesprächsstruktur sagen: Unser Gespräch wird in drei Schritten vorgehen. Im ersten Teil werden wir versuchen, die aktuelle Kontroverse und ihre politischen Hintergründe etwas zu entwirren. Dabei wollen wir nicht zuletzt die Frage thematisieren, worum es eigentlich geht, wenn aktuell das Verhältnis von Erinnerungskultur und politischer Gegenwart debattiert wird. Der zweite, etwas kürzere Teil wird sich darum bemühen, die in der aktuellen Debatte vorgebrachten Argumente zu historisieren. Da wir im ersten Panel schon einiges zur Genese der erinnerungskulturellen Debatten gehört haben, werden wir das hier etwas kürzer halten und wesentliche Punkte rekapitulieren, die für die Auseinandersetzungen unserer Tage von zentraler Bedeutung sind. Im dritten Teil werden wir abschließend einen Blick in die Zukunft wagen und uns damit beschäftigen, mit welchen Herausforderungen, Zielen und Grenzen das NS-Gedenken zukünftig konfrontiert sein könnte.

Durch Ihre beiden Impulse haben wir uns einigen zentralen (expliziten und impliziten) Themen und Konfliktlinien der gegenwärtigen Debatte bereits angenähert, die einerseits von Wissenschaftlerinnen und Wissenschaftlern geführt wird, andererseits aber auch in den Feuilletons, in der Kultur- und Bildungspolitik stattfindet. Wenn wir nun direkt in den ersten Teil einsteigen, den man unter den Titel »Das Postulat des zeitgemäßen Erinnerns. Gegenwärtige Konfliktlinien und Problemlagen in der öffentlichen Auseinandersetzung mit dem NS-Gedenken« stellen könnte, zeigt sich meines Erachtens ein unübersichtliches Bild. So vermischen sich in den aktuellen erinnerungskulturellen Auseinandersetzungen verschiedene historische und politische Argumente, die teilweise explizit gemacht werden, teilweise jedoch auch implizit mitverhandelt werden. Diesbezüglich hatten Sie, Herr Mansour, in Ihrem Impuls schon auf die Bedeutung der postkolonialen Theoriebildung hingewiesen. Das ist ein Aspekt, der auch in Ihrem Buch *Fluchtpunkte der Erinnerung* und in Ihrer Auseinandersetzung mit den aktuellen Veränderungen in der Erinnerungskultur eine wichtige Rolle spielt, Herr Sznaider.

Vor diesem Hintergrund möchte ich nachfragen: Wie genau fassen Sie die Einflüsse der postkolonialen Theoriebildung auf das Verhältnis von Holocaust- und Kolonialismusgedenken? Welche Rolle spielt diese Theoriebildung in der aktuellen Debatte überhaupt?

Sznaider: Theoretisch auf jeden Fall, aber wie gesagt, man muss die Ebenen auseinanderhalten. Ahmad hat ja schon angedeutet, dass es sich hier um eine politische Diskussion handelt und nicht um eine wissenschaftliche Diskussion. Dennoch wird die Diskussion um Erinnerungskultur immer mit einer wissenschaftlichen Aura geführt. Und ich glaube, wir sollten weg davon. Richtiges Erinnern macht uns nicht zu besseren Menschen. Und die Annahme, dass wir Antisemitismus besser bekämpfen können, wenn wir das mit dem richtigen Erinnern irgendwie in den Griff kriegen, ist in meinen Augen eine merkwürdige Annahme, mit der ich überhaupt nichts anfangen kann. Also die Hoffnung, dass man Antisemitismus mit dem richtigen Werkzeugkasten wegpädagogisieren kann, funktioniert ja aus allen möglichen Gründen nicht, über die wir vielleicht später reden können. Antisemitismus ist Teil der Moderne. Es ist keine Störung im Betriebssystem. Solange es Juden gibt, wird es auch Antisemiten geben. Und da kann man so viel Pädagogik machen, wie man will, es wird nicht funktionieren.

Was die Einzigartigkeit des Holocaust und das koloniale oder das postkoloniale Gedenken angeht: Wir haben schon im ersten Gespräch gehört, dass der Beginn davon der Vergleich zwischen Stalinismus und Nationalsozialismus war. Jetzt geht es um Shoah und Kolonialismus. Das heißt dann merkwürdigerweise »Historikerstreit 2.0«, denn die meisten, die da mitstreiten, sind ja keine Historiker. Also warum wird die aktuelle Kontroverse dann als Historikerstreit bezeichnet? Es gibt ein paar Historiker, die streiten, vor allem aber streiten die Twitter-Community und die Feuilletonisten und Literaturwissenschaftler und Soziologen und Psychologen. Streit 2.0 würde ich das vielleicht eher nennen wollen als »Historikerstreit 2.0«. Aber auch da frage ich mich, was Einzigartigkeit eigentlich heißt: Ist das jetzt ein Glaubensbekenntnis? Ist das ein historisches Bekenntnis? Ist das ein politisches Bekenntnis? Oder ist das ein moralisches Bekenntnis?

Natürlich kann man sagen, dass der Holocaust ein einzigartiges Ereignis in der Geschichte war. Punkt. Stimmt, ist richtig. Auch der Dreißigjährige Krieg war ein einzigartiges Ereignis in der Geschichte. Stimmt auch. Punkt. Aber kein Mensch würde der Einzigartigkeit des Holocaust denselben Raum geben wie der Einzigartigkeit des Dreißigjährigen Krieges.

Ich unterscheide in meinem Buch zwischen dem, was erinnert wird (Holocaust oder Kolonialismus zum Beispiel), und denjenigen Individuen oder Gruppen, die sich erinnern. Das ist für mich eine zentrale Unterscheidung, da ich in den letzten Jahren eine Konsolidierung einer sich mehr universalisierenden Holocausterinnerung gerade im progressiven Milieu beobachten konnte. Da wird auch Universalisierung qua Aufklärung als progressiver und richtiger aufgefasst als die partikularen und auch parallelen Erinnerungen von Opfergruppen. Im Falle der Shoah kann das auch zu einer Missachtung, ja sogar Auslöschung partikularer jüdischer Erinnerung führen. Es geht mir dabei um jüdische Erinnerungen und um Erinnerungen an das, was Juden und anderen zugestoßen ist.

Wenn man als Historiker auf die Einzigartigkeit schaut, dann kann man diese ja nur herausarbeiten, wenn man Vergleiche zieht. Das ergibt Sinn. Das ergibt methodologisch Sinn. Das ist wirklich Erstsemesterbinsenweisheit. Das heißt also, wir vergleichen und kommen zu dem Ergebnis, dass das Ereignis einzigartig war. Und dann gibt es Menschen, die vergleichen und sagen, dass es diese oder jene Zusammenhänge gibt und dass man bei dem deutschen Genozid Anfang des 20. Jahrhunderts und den kolonialen Strukturen des Vernichtungskrieges im Osten die größeren Zusammenhänge sehen muss, die es diesbezüglich gibt. Dann können wir uns auf Schriften berufen, die in den 1950er Jahren diese koloniale Perspektive hatten. Diese Schriften kamen aus Frankreich. Als der Zweite Weltkrieg vorbei war und Frankreich zu den Siegernationen gehörte, sagten kolonisierte Intellektuelle wie Frantz Fanon, Aimé Césaire und andere auf Französisch schreibende Intellektuelle: »Das geht ja überhaupt nicht! Ihr Franzosen könnt euch doch nicht als Sieger über den Nazismus stilisieren, wenn ihr weiter koloniale Unterdrückungspolitik verfolgt! Und deswegen wollen wir hier ganz deutlich sagen, dass das, was Hitler mit den Juden gemacht hat, Weiße mit den Schwarzen schon sehr lange und sehr viel früher gemacht haben!« So hat zum Beispiel Aimé Césaire in seinem Buch *Discours sur le colonialisme*[8] (1950, dt. Übersetzung: *Über den Kolonialismus, 2021*)[9] geschrieben und diese Argumentation wurde in der Folge zu einem Prototyp, der auch bei Michael Rothberg wieder auftaucht, um die koloniale Wende im Holocaustgedenken zu begründen. Konflikte zwischen Gewalterfahrungen können nicht einfach universell aufgehoben werden. Auch deshalb können widersprüchliche historische Narrative weder einfach durch scheinbare Multidirektionalität miteinander verknüpft werden, noch sollte man sie gegeneinander ausspielen. Beides steht, meiner Meinung nach, historischer Urteilskraft im Weg.

Wenn man im Frankreich der 1950er Jahre schreibt, kann man das natürlich machen. Das hat in diesem Kontext einen ganz anderen Stellenwert. Und es ist ja auch kein Zufall, dass ein sehr, sehr guter Freund von Frantz Fanon Claude Lanzmann war. Jetzt ist Claude Lanzmann vielleicht einer der großen ästhetischen Verfechter der Einzigartigkeit des Holocaust, das ist für ihn überhaupt keine Frage. Das hat er in seinem neunstündigen Film *Shoah* (1985) gemacht, und darin lässt er sich auf überhaupt keine historischen Debatten ein. Es interessiert ihn auch nicht. Er versucht durch die Interviews mit Zeitzeugen diese Einzigartigkeit ästhetisch darzustellen. Vielleicht ist der Film einer der größten Erfolge in diesem Genre. Lanzmann war aber auch ein Freund von Sartre, der über die bösen kolonialistischen Franzosen geschrieben hat. Und Lanzmann hat noch vor *Shoah* einen Film gemacht, den man weniger kennt, mit dem Titel *Warum Israel* (Orig.: *Pourquoi Israël, 1973*). In diesem Film sagt er, und Ahmad hat das schon erwähnt, dass Israel natürlich eine partikulare Lösung für ein partikulares Problem ist und dass die Auffassung von Gewalt, von Härte und sogar Brutalität ein Teil der Reaktion auf das ist, was die Juden in der Shoah erlebt haben, und dass deswegen ein starkes Israel in dieser Hinsicht sehr notwendig ist. Das ist das »Nie wieder!«, das du vorhin erwähnt hast.

Nun haben sich Fanon und Lanzmann auf zwei Dinge einigen können. Sie waren beide Kritiker des französischen Universalismus, und sie haben ihre Kritik auf Französisch vorgebracht, sie fühlten sich beide von Frankreich verraten, Fanon als schwarzer Mensch und Lanzmann als Jude. Gleichzeitig aber hat Fanon immer gesagt, Rassismus und Antisemitismus seien zwei verschiedene Sachen: Sie können miteinander zusammenhängen, aber Rassismus hat etwas mit Sichtbarkeit und Antisemitismus hat etwas mit Unsichtbarkeit zu tun. Wir müssen unseren antikolonialistischen Kampf führen, und die Juden müssen ihren eigenen – antikolonialistischen – oder Kampf gegen Antisemitismus führen, das heißt also: nichts Multidirektionales, sondern parallele Anerkennung der Geschichte des anderen, ohne dass dies irgendwie multidirektional verklärt wird. Das ist das, was in den 1950er Jahren eigentlich passiert ist, wenn wir uns diese koloniale Wende in den Holocaust Studies anschauen. Da wird nicht das eine gegen das andere ausgespielt, da werden das eine und das andere anerkannt. Das war ungeheuer wichtig im französischen Kontext.

All das hat aber inzwischen diesen französischen Kontext verlassen und wurde durch Michael Rothberg, A. Dirk Moses und andere total politisiert. Sie haben daraus eine politische Agenda gemacht. Das haben wir schon in der ersten Runde gehört. Es geht diesen Autoren und Autorinnen dabei nicht darum zu zeigen, dass der Holocaust durch den Kolonialismus erklärt werden kann. Das ist nicht die wahre Agenda. Das spielt überhaupt keine Rolle. Was aber politisch eine Rolle spielt, ist natürlich, dass der Holocaust eine der grundlegenden Legitimationsstrukturen der Existenz des Staates Israels ist. Wenn man ein bisschen an dieser Politik der Bezeichnungen weiterstrickt, ist es ja nicht so, dass der Holocaust kolonialistisch erklärt wird. Das ist nur der erste Schritt. Für den zweiten Schritt brauchen wir Edward Said, einen der Gründungsväter der postkolonialistischen Theorie, der ganz klar sagt, dass Israel ein kolonialistischer Staat sei: Israel ist ein kolonialistischer Staat, Juden sind weiße Europäer, die in den Nahen Osten gekommen sind, um die Bevölkerung dort zu vertreiben, zu ermorden und ihnen das Land zu rauben, ergo ist dieser Staat nicht legitim. Das ist der zweite Schritt. Das heißt, der erste Schritt besteht darin zu zeigen, dass der Holocaust – eine der wichtigsten Legitimationsstrukturen der Existenz des

Staates Israels – eigentlich durch den Kolonialismus zu erklären ist. Der zweite Schritt ist dann, Israel zu einem kolonialistischen Staat zu machen. Und den dritten Schritt brauche ich Ihnen nicht weiter zu erklären. Der ergibt sich aus dem ersten und dem zweiten Schritt: Israel ist nicht legitim. Israel ist ein kolonialistischer Staat. Eigentlich ist Israel ein Nazistaat.

So weit würden nicht alle gehen, aber so weit kann man gehen. Das ist eine politische Einstellung. Das sind Teile des politischen Kampfes gegen Israel, der unter dem Deckmantel der intellektuellen Wissenschaftlichkeit geführt wird, aber nichts mit Zeitgeschichte zu tun hat. Das hat nichts mit den Seminaren zu tun, in denen gesagt wird, dass es kolonialistische Strukturen gibt, die man im Holocaust durchaus erkennen kann. Auch die Rassenpolitik gegenüber den Juden haben wir ja schon gesehen in der Rassenpolitik der Buren und auch in der Rassenpolitik des deutschen Kolonialismus. Das kann man ja machen, das soll man machen. Da wird auch nichts gegeneinander ausgespielt. Hier wird versucht, eine tiefere Erklärung zu finden.

Aber es handelt sich bei diesen Argumenten um keine Seminare in Zeitgeschichte, sondern um eine politische Agenda, die mit der Illusion von Wissenschaftlichkeit geführt und in wissenschaftlichen Zeitschriften veröffentlicht wird. Dazu gehören das *Journal of Genocide Studies* oder die *Settler Colonial Studies* und zahlreiche weitere Zeitschriften, die sich die Aura von Wissenschaftlichkeit geben. Dadurch sind wir in einem ganz anderen Spielfeld. Das ist ein Spielfeld, das Edward Said zum Beispiel mit seinem 1978 veröffentlichten Buch *Orientalism*[10] aufgemacht hat, in dem er ausführt, dass die Trennung zwischen Wissenschaft und Politik selbst ein westlicher Unterdrückungsmechanismus sei, der aufgehoben werden müsse. Und damit entsteht die Vorstellung von Wissenschaft als Solidarität, die schon im ersten Gespräch thematisiert wurde. Auch Michel Foucault lässt da grüßen.

Strommenger: Vielen Dank, Herr Sznaider. Ihre Ausführungen zeigen deutlich, auf welche Weise bestimmte Argumente in der wissenschaftlichen und öffentlichen Debatte zu unterschiedlichen Zeitpunkten wiederkehren, dabei jedoch ihre Bedeutung verändern. Im ersten Gespräch ging es diesbezüglich auch um den Topos der Deutschen als vermeintliche Opfer, der ebenfalls in unterschiedlichen Zusammenhängen unter veränderten Vorzeichen auftritt. Auf diese Frage der thematischen Kontinuitäten und Diskontinuitäten werden wir im Verlauf des Gesprächs zurückkommen.

An dieser Stelle möchte ich sie mit einem anderen Punkt verbinden, der auf vermittelte Weise ebenfalls mit Ihren Ausführungen zusammenhängt. Es handelt sich um die Frage, welche Auswirkungen Migrationsprozesse auf die Erinnerungskultur in der Bundesrepublik bislang hatten, und um die damit verbundene allgemeinere Frage, welches Verhältnis zwischen Erinnern und Migration besteht oder bestehen sollte. Wenn es um das Erinnern in einer Migrationsgesellschaft wie der bundesrepublikanischen geht, wird gegenwärtig gefordert, dass sich die deutsche Erinnerungskultur an eine veränderte Gegenwart anpassen müsse. Angesichts multipler Migrationsbewegungen müsse sich auch das Erinnern pluralisieren.

Ich halte es für unbestritten, dass sich Migrationsprozesse erinnerungskulturell niedergeschlagen haben und verschiedene biografische Hintergründe zukünftig noch stärker berücksichtigt werden müssten. Doch aktuell scheint es mir in erster Linie um etwas anderes zu gehen, denn oftmals wird diese Frage gegenwärtig aufs Engste mit Elementen der postkolonialen Theoriebildung verbunden, ohne dass eingehender begründet würde, auf welche Weise beides miteinander in Beziehung steht. Rekapitulieren möchte ich in diesem Zusammenhang das verbreitete Argument, dass die jeweilige Herkunft von essentieller Bedeutung für das jeweilige Erinnern, ja die jeweilige Auseinandersetzung mit Geschichte überhaupt sei. Dabei wird davon ausgegangen, dass die Geschichte des Holocaust für die meisten Personen mit Migrationsgeschichte nicht von ähnlicher Bedeutung sein könne wie für sogenannte Herkunftsdeutsche, Personen also, deren Eltern oder Großeltern Nationalsozialisten waren oder unmittelbar in die Geschichte des Nationalsozialismus involviert waren. Ein solches Argument kommt nicht nur historisch an seine Grenzen, wenn man berücksichtigt, dass der Holocaust von den Deutschen initiiert wurde und die Ermordung von sechs Millionen europäischen Jüdinnen und Juden andernfalls nicht stattgefunden hätte, dass dessen Geschichte gleichwohl mit verschiedenen Orten Europas und auch des Nahen Ostens zusammenhängt. Ein solches Argument ist auch epistemologisch fragwürdig, da unklar bleibt, aus welchen Gründen die Geschichte des Holocaust für verschiedene Personen unterschiedlicher Herkunft nicht von ähnlicher Bedeutung sein kann.

Angesichts dieses unbefriedigenden Befunds möchte ich Sie, Herr Mansour, fragen, ob postkoloniale Theoriebildung und die Fragen danach, wie in einer Migrationsgesellschaft erinnert werden sollte, überhaupt zusammenhängen. Ließen sich die beiden Punkte nicht angemessener getrennt voneinander denken und unabhängig voneinander diskutieren? Könnte die starke Politisierung und vermeintliche Eindeutigkeit des ohne Frage zentralen Themas durch ein solches Vorgehen Ihres Erachtens womöglich verhindert oder zumindest abgemildert werden?

Mansour: Die Hauptfrage muss, meine ich, eigentlich lauten: Was wollen wir erreichen mit Erinnerungskultur? Was soll daraus eigentlich resultieren? Handelt es sich nur um einen Pflichtbesuch in irgendeiner Gedenkstätte, oder wollen wir damit auch etwas für das Zusammenleben, den Abbau von Vorurteilen, den Abbau von Antisemitismus erreichen? Ich habe heute[11] viele Bilder gesehen von ganz vielen Menschen, vor allem in den sozialen Medien, die sich mit dem Slogan »We remember« fotografieren lassen und Texte dazu schreiben. Mir kommt es vor, als sei der Holocaust-Gedenktag ein Pflichttermin geworden, an dem jeder irgendetwas machen muss. Jedes Social-Media-Team jedes Politikers streicht sich den Tag rot an und dann werden Bilder gemacht und Posts veröffentlicht. Aber hilft uns das, bringt uns das weiter? Dieses pflichtschuldige Verhalten, das sich vor allem hier in Deutschland zeigt, wenn es um den Holocaust geht, halte ich für unnatürlich und es bringt uns vor allem nicht weiter, weil kein Inhalt dahintersteht. Wozu verpflichtet uns dieser Tag? Bedeutet er, dass wir dann frei haben, dass im Bundestag darüber gesprochen wird und vielleicht ein Zeitzeuge eingeladen wird, eine Rede zu halten, und wir selbst sind sehr still? Oder verpflichtet er uns zu etwas anderem?

Bevor wir über Migration und Einwanderung sprechen und darüber, wie Erinnerungskultur überhaupt funktionieren kann mit Menschen, die ihren Ursprung nicht hier haben, müssen wir darüber reden, ob wir die Mehrheitsgesellschaft mit unserer heutigen Erinnerungskultur erreichen. Wir müssen die damit verbundenen Ziele klar kommunizieren. Ich erlebe viele Gedenkstätten als unflexible Orte. Natürlich macht es viel Arbeit, wenn man eine Gruppe von Jugendlichen über Monate betreut, biografisch mit ihnen arbeitet, versucht, sie emotional zu erreichen, anstatt nur einmal für zwei Stunden darüber zu sprechen, was in der Vergangenheit passiert ist. Diese Prozesse dauern natürlich viel länger. Ich verstehe diese Aufgabe als gesamtgesellschaftliche Aufgabe, die nicht durch pflichtschuldige Symbolpolitik gelöst werden kann. Vielmehr sollten wir uns fragen: Was wollen wir durch die Erinnerungskultur erreichen? Symbolpolitik ist schön, aber Symbolpolitik bringt uns nicht weiter.

Darüber hinaus sind wir natürlich heute eine ganz andere Gesellschaft und diese andere Gesellschaft ist schön. Wir sind multikulti, wir sind multiethnisch, multireligiös. Diese Realität bringt auch gewisse Herausforderungen mit sich. Wenn wir Erinnerungskultur nur über die innerdeutsche biografische Perspektive praktizieren wollen, dann funktioniert das nicht mit Hassan und Ahmad und Yılmaz und Asmen, die diese biografischen Bezüge nicht haben. Ich gebe nur ein Beispiel, um klarzumachen, wo es hakt: In Duisburg gab es einen palästinensischen jungen Menschen, der israelkritisch war, und die Schule wollte mit der gesamten zwölften Klasse nach Auschwitz fahren. Die Schulleiterin hat ihn eingeladen, hat ihm aber auch gesagt, dass er nicht mitfahren müsse, weil das nicht seine Geschichte sei. An diesem Beispiel zeigt sich, wie Erinnerungskultur hier häufig verstanden wird, wenn es um Menschen mit Migrationsbiografie geht. Wir müssen uns also erst einmal darüber einigen, was wir erreichen wollen, und dann müssen wir alle Menschen – auch jene, die diese innerdeutschen biografischen Bezüge nicht haben – mit einbeziehen.

Für mich, und da sind wir vielleicht unterschiedlicher Meinung, ist die Erinnerungskultur eine Verpflichtung für die Zukunft. Für mich ist keine Integration möglich, ohne die historische Verantwortung – nicht nur für die Vergangenheit, sondern auch für die Zukunft – mitzutragen. Und das bedeutet, Antisemitismus nicht zu akzeptieren. Das bedeutet, dass das Existenzrecht Israels nicht verhandelbar ist, und zwar egal, ob jemand Thomas heißt oder Ahmad, ob er aus Gaza kommt oder sonst woher. Wir müssen darüber nachdenken, wie wir diese Menschen pädagogisch erreichen. Wir können sie nur erreichen, wenn wir ihnen erst einmal genug Platz für ihre eigene Biografie einräumen. Ich kann nicht mit diesen jungen Leuten in eine Gedenkstätte gehen und sagen: »Beschäftigt euch jetzt mit Menschen, die im Holocaust ermordet wurden«, ohne mit ihnen über ihre eigenen Erfahrungen, Migrationsgeschichten und das, was sie erlebt haben, zu sprechen. Es geht natürlich nicht darum, das gleichzusetzen, definitiv nicht. Das sind ganz unterschiedliche Sachen.

Das heißt, der erste Schritt ist Biografiearbeit, ist, Raum zu schaffen für diese Menschen, damit sie über das, was sie beschäftigt, offen sprechen können. Es geht darum, Vertrauen aufzubauen, da zu sein, sie einzubeziehen, was leider nicht oft passiert, vor allem nicht im pädagogischen Kontext. Und dann, mit der Zeit, muss natürlich auch über die Themen gesprochen werden, die einen Bezug zur Erinnerungskultur haben, und vor allem auch über die Themen, die keinen offensichtlichen Bezug zur Erinnerungskultur haben. Es geht dabei um Antisemitismus ebenso wie um die Frage, wie diese jungen Menschen die deutsche Geschichte betrachten und wie sie die deutsche Gesellschaft wahrnehmen. Da ist man erst einmal bei ganz anderen Themen als bei der Erinnerungskultur. Erst wenn man alle diese Themen besprochen, wenn man eine Reise mit diesen Menschen gemacht hat, dann kann man auch über Erinnerungskultur sprechen, ohne in der Vergangenheit zu bleiben.

Ich finde, nach Auschwitz zu fahren, kann etwas bringen, wenn man das gut vor- und nachbereitet, aber nach Auschwitz zu fahren und nicht über das Thema Israel zu sprechen, bringt nichts. Das heißt, man kann es nicht ignorieren, wenn diesbezüglich Vorurteile bestehen oder auch Hass vorhanden ist. Ich kann keine pädagogische Arbeit in Berlin-Neukölln machen und Rabbiner und Imame in die Schulen schicken, die über ihre Religiosität sprechen und darüber, wie ähnlich Islam und Judentum funktionieren, und Israel einfach ausblenden, nur weil es sich um ein Thema handelt, das Kontroversen mit sich bringt. Das funktioniert nicht. Das heißt, für mich bedeutet Erinnerungskultur auch, den Mut zu haben, Themen anzusprechen, die bei den Jugendlichen nicht nur auf Zustimmung stoßen, sondern auch auf enormen Widerstand. Genau diese Konfrontation mit schwierigen Themen setzt die psychologischen und pädagogischen Prozesse in Gang, die wir brauchen, um diese Menschen dazu zu bringen, ihre bisherigen Meinungen und Einstellungen kritisch zu hinterfragen und neue Perspektiven zuzulassen.

Schauen wir uns solch eine Arbeit einmal an, um zu verstehen, was wir eigentlich an Erinnerungskultur im Alltag haben. Nach jeder Eskalation in Gaza haben wir eine Debatte über Antisemitismus, dann verlieren wir zwei Wochen, in denen wir über Begrifflichkeiten diskutieren, und verbringen dann vielleicht drei, vier Tage damit zu sagen, was wir brauchen. Dann kommen irgendwelche Politiker und sprechen über verpflichtende Gedenkstättenbesuche oder Antisemitismus als Thema in den Schulen. Das ist viel zu wenig. Wir müssen begreifen, dass es sich um eine der größten Herausforderungen handelt, mit der wir konfrontiert sind. Diese große Herausforderung können wir meistern, wenn wir wirklich intensive pädagogische Arbeit betreiben und wenn wir das als eine Daueraufgabe betrachten, wenn wir immer wieder versuchen, die Menschen mit unterschiedlichen Methoden zu erreichen. Tun wir das nicht, werden wir die beschriebene Vielfalt nicht nur als etwas Positives sehen, sondern als eine Herausforderung, die sehr große Probleme mit sich bringt, wie wir sie beispielsweise in den massiven israelfeindlichen und teilweise antisemitischen Protesten im Mai 2021 erlebt haben.[12] Dann müssen wir darüber nachdenken, auch politisch, nicht wissenschaftlich, wie es zum Beispiel dazu kommt, dass jüdische Franzosen, die seit Generationen in Frankreich leben, im Nahen Osten, in Israel Sicherheit suchen und aus welchen Gründen Paris, Toulouse und Nizza für sie unsicher und Tel Aviv oder Netanja in Israel bessere oder sichere Orte geworden sind. Das passiert, wenn man das Thema nicht ernst nimmt und wenn man die pädagogische Arbeit und Erinnerungskultur nicht moderner gestaltet, um alle in unserer Gesellschaft zu erreichen. Deshalb arbeiten wir auch in unserem Workshop *ReMEMBER* nicht nur mit Flüchtlingen oder Menschen mit Migrationshintergrund, sondern wollen alle Teile unserer Gesellschaft einbeziehen. Es ist enorm wichtig, dass man die unterschiedlichen Perspektiven auf das Thema in einem Raum versammelt, die Perspektiven von jemandem, der seit fünf Jahren hier lebt, von jemandem, der seit zwei, drei Generationen hier ist, und von jemandem, der keinen Migrationshintergrund und seine Wurzeln in Deutschland hat.

Strommenger: Herr Sznaider, ich hatte den Eindruck, Sie wollten gern reagieren?

Sznaider: Ja, das kann ich gerne tun. Ich bin etwas aus der Bahn geworfen, denn Sie müssen sich hier einmal die tektonischen Verschiebungen bewusst machen. Hier spricht ein in Deutschland geborener Jude, der in Israel lebt, mit einem in Israel geborenen Muslim, der in Deutschland lebt und dessen Argumente plötzlich von einer Seite kommen, die eigentlich nicht erwartbar sind für mich. Wie gehe ich damit um? Ich habe ja keinen pädagogischen Anspruch. Den lasse ich dir. Ich finde wirklich, Erinnerungskultur ist total überbewertet. Und eine Erinnerungskultur, die Menschen zum Erinnern erzieht, damit sie irgendwie gute Menschen werden, davor schrecke ich total zurück.

Mansour: Ich weiß nicht, ob die Arbeit, die wir machen, Erinnerungskultur heißen sollte. Sie findet natürlich in Gedenkstätten statt und hat auch einen Bezug zur Vergangenheit, aber ich würde sie nicht Erinnerungskultur nennen, sondern sie vielleicht einfach als Integrationsarbeit, Wertevermittlung oder als Versuch bezeichnen, auch Menschen mit Migrationserfahrung als einen Teil dieser Gesellschaft zu betrachten, in Bezug auf alle Ausprägungen und historischen Betrachtungen dieses Landes und nicht als Personen, die damit nichts zu tun haben.

Sznaider: Ja, okay, dann würde ich vielleicht sagen, nicht Erinnerungskultur ist überbewertet, sondern Gedenkstätten sind überbewertet. Das heißt nicht, dass ich gegen Gedenkstätten bin, überhaupt nicht. Ich finde nur, dass sie und ihre gesellschaftliche und pädagogische Funktion überbewertet sind. Ich wurde einmal in meiner Hochschule von Studierenden als Holocaustleugner bezeichnet, weil ich gegen die Fahrten von israelischen Schülern und Schülerinnen nach Auschwitz bin, und ich habe geantwortet, dass sie nicht nach Polen zu fahren brauchen: »Wenn ihr wollt, könnt ihr euch ein Lager hier im Schulhof aufbauen und könnt euch das angucken.« Dort, am »authentischen« Ort zu sein – na und? Was gibt es da? Ich persönlich war da noch nie, weil ich nicht zu dem Ort will, an dem man meine ganze Verwandtschaft inklusive meiner Großeltern verbrannt hat. Was soll ich dort? Soll ich da einen großen Gefühlswall vor mir aufbauen?

Du kennst die Initiativen, die arabische Schulkinder nach Auschwitz schicken wollen, damit sie sehen, was dort passiert ist, damit sie ihre Einstellung Israel gegenüber ändern. Das ist alles Unsinn, finde ich. Diese ganzen Fahrten nach Auschwitz würde ich abschaffen, würde Auschwitz dem Boden gleichmachen und würde Gras drüber wachsen lassen, damit dieser Ort von der Bildfläche verschwindet, weil ich allein die theoretische Präsenz dieses Ortes mit den Koffern und den Brillen und den Baracken für eine Fetischisierung, eine Geschmacklosigkeit halte und in meinen Augen wirklich für das Schlechteste, was es an Erinnerung gibt. Eine jüdische Erinnerung ist eine Erinnerung in Form von Texten. Wenn man dann sagt, die Jugendlichen müssen Erinnern zum Anfassen haben, stellt sich die Frage: Warum? Und wieso macht sie das besser, wenn sie sich an einem sogenannten authentischen Ort erinnern? Wir sind so eingefahren in dieser Schiene, dass man zum Erinnerungsort gehen muss, dass man da ein wahnsinniges Konversionserlebnis hat und geläutert aus diesem Erinnerungsort herausgeht nach dem Motto: »Nie wieder!« Jetzt bin ich Antirassist geworden, ein besserer Mensch. Wer denkt sich solche Sachen aus, Ahmad? Wer glaubt denn an so etwas? Das ist doch total hanebüchen.

Mansour: Ich muss kurz widersprechen. Viele Menschen, die heute ein Bild mit »We remember« posten und glauben, damit ihren historischen Beitrag dazu geleistet zu haben, dass so etwas nicht wieder passiert, liegen falsch. Ich bin absolut bei dir, wenn du sagst, die reine Fahrt dahin bringt nichts. Meine Eltern sind zweimal nach Mekka gepilgert und unserer islamischen Erzählung gemäß kommt man dann ohne Sünden zurück. Ich habe nicht bemerkt, dass meine Eltern anders geworden sind. Im Gegenteil, sie haben schon dort mit anderen Menschen gestritten. Das ist genau diese Symbolpolitik. Jede Gesellschaft braucht psychologisch gesehen Rituale, und für die deutsche Gesellschaft sind solche Orte und solche Fahrten auch eine Art von Ritual geworden. Wenn man aber, wie gesagt, diese Arbeit begleitet, vorbereitet, dann glaube ich, dass emotional dargestellte Orte, Bilder und Erlebnisse bei Menschen durchaus etwas bewegen und etwas verändern können. Ich bin mit einer Gruppe von Menschen nach Yad Vashem gefahren, und das waren Leute, die hier geboren und aufgewachsen sind, die schon viel über den Holocaust gehört haben. Dennoch war das für sie ein unfassbarer Moment, in dem sie dann sehr viel reflektiert haben und einen ganz anderen Zugang zum Thema gefunden haben. Ich will das Thema nicht mit Tabus und Ritualen und Pflichtfahrten gleichsetzen, da bin ich absolut bei dir, aber ich würde die emotionalen Einflussmöglichkeiten so eines Ortes nicht unterschätzen, wenn der Besuch wirklich gut vor- und nachbereitet wird und das nicht nur als eine Art von religiösem »wir gehen hin« verstanden wird, sondern wirklich auch eine emotionale Auseinandersetzung stattfindet.

Sznaider: Ja, aber mit welchem Werkzeugkasten bereitest du das gut vor und gut nach? Was sind die richtigen Emotionen? Wer kann sich anmaßen, da eine Vorbereitung zu treffen?

Mansour: Es ist erst einmal eine Sichtbarmachung von Geschichte, die in diesem Land stattgefunden hat, zweitens eine Auseinandersetzung mit den Prozessen, die dazu geführt haben, dass so etwas überhaupt möglich war. Es gibt in Berlin-Schöneberg eine großartige Ausstellung mit dem Titel *Wir waren Nachbarn*. Sie bezieht sich nur auf Schöneberg. Es geht um die Juden, die in dem Stadtteil gelebt haben, in welchen Straßen sie wohnten, wie sie hießen, welche Geschäfte sie hatten. Wenn man dann mit einer Klasse, die in Schöneberg zu 90 Prozent aus Menschen mit Migrationshintergrund besteht, die mit dem Holocaust emotional noch nie wirklich etwas zu tun hatten, unterwegs ist, merken diese Schüler, dass die Geschichte, die man immer wieder hört, dort stattfand, wo sie heute leben. Vielleicht dort, wo sie Döner kaufen, dort, wo ihre Familie lebt. Dann hat man einen ganz anderen emotionalen Zugang zu dem Thema, anders, als wenn ich in irgendwelchen Büchern lese, dass es einmal einen Holocaust in Deutschland gab.

Strommenger: Ich möchte hier kurz einhaken, denn dieses Problem, das Sie gerade diskutieren, greift ja in gewisser Weise einen Aspekt auf, den wir vorhin auch schon debattiert haben, nämlich das Verhältnis von historischer Wissensvermittlung und ritualisierten Formen des Gedenkens. Etwas allgemeiner gesagt geht es um die Beziehung, in der Geschichtsschreibung und Erinnern stehen. Wie würden Sie diese beiden Pole gewichten? Wie wichtig ist beispielweise in Ihren Projekten, Herr Mansour, die Wissensvermittlung? Wie wichtig ist die Auseinandersetzung mit den persönlichen Hintergründen der Teilnehmerinnen und Teilnehmer? Und wie würden Sie, Herr Sznaider, dieses Verhältnis beschreiben, gerade auch mit Blick auf die aktuellen Auseinandersetzungen, die ja mit der Idee des zeitgemäßen Erinnerns sehr präsentistisch argumentieren und gerade keine Auseinandersetzung mit historischen Fakten, mit historischen Erkenntnissen betreiben, sondern in erster Linie von (politischen) Bedürfnissen der Gegenwart getrieben sind.

Sznaider: Ich kann mir auch Jugendliche vorstellen, die nach Auschwitz kommen und sagen: »Interesting!« Und dann sagen sie nicht: »Nie wieder!«, sondern sie sagen: »Wieder!« Was machst du dann mit denen, die sagen, dass das eine wirklich gute Idee war? Das kann ja auch passieren. Ich meine, in dem Moment, wo man den Jugendlichen die Tür öffnet – oder nicht nur den Jugendlichen, sondern auch Erwachsenen die Tür öffnet – zu so etwas, dann können sie auch in dieser Form denken. Da kannst du dann gucken, wo du mit deiner Pädagogisierung hinkommst, wenn du es mit denen zu tun hast. Das war natürlich nicht wirklich ernst gemeint. Oder doch. Was ich sagen will, ist, dass man das ganz altmodisch angehen kann. Konkret würde ich ein republikanisches, staatsbürgerliches Modell anstreben. Da braucht man nicht zeitgemäß zu sein und da braucht man nicht zu sagen, dass wir unser Gedenken an die migrantische Kultur anpassen müssen oder an das Biografische, weil dahinter ja der Gedanke steckt, dass die Nation eine Familie ist und dass da jetzt neue Familienmitglieder dazukommen, die von vornherein eigentlich nicht dazugehören, aber die quasi eingemeindet werden müssen in die Familie. Wenn man aber einen Schritt zurückgeht, einen republikanischen, staatsbürgerlichen

Gedanken nimmt, dann sagt man, in dem Moment, in dem man diesem Kollektiv beitritt, in dem Moment, in dem man deutscher Staatsbürger wird, wird man automatisch verantwortlich für die guten Sachen, die im Namen Deutschlands geschehen sind, aber auch für die wahnsinnig grausamen Dinge und Verbrechen, die im Namen Deutschlands geschehen sind – genauso wie jemand, der nach Israel einwandert und die israelische Staatsbürgerschaft 1994 bekommt, damit gleichzeitig verantwortlich wird für das, was im Namen dieses Staates auch vor 1994 stattgefunden hat. Das ist staatsbürgerliche Verantwortung, denn man gehört jetzt dazu.

Das ist natürlich ungeheuer altmodisch und altbacken. Und es ist unter Umständen viel komplizierter, weil es Menschen mit verschiedenen Staatsbürgerschaften gibt. Werden sie dann verantwortlich für all die Pässe, die sie haben? Und klar ist auch, dass man von, sagen wir jüdischen Menschen, die in Deutschland deutsche Staatsbürger sind, nicht verlangen kann, dass sie dann auch noch Verantwortung für die Ermordung ihrer eigenen Familien mittragen; genauso wie man die arabischen Staatsbürger Israels nicht verantwortlich für die Nakba, also für die Austreibung oder die Flucht der arabischen Bevölkerung 1948 in Israel, machen kann. Das verkompliziert das Ganze, aber die Tatsache, dass es kompliziert ist, heißt nicht, dass es unmöglich ist. Und anstatt auf die Emotionen hinzuzielen, die Menschen durch Gedenkstätten zu führen und ihnen zu sagen: »Nie wieder!«, und dass das alles ganz schrecklich ist, kann man ihnen einfach sagen, dass diese Dinge aus Deutschland hervorgegangen sind und dass ihr als deutsche Staatsbürger, die ihr nun seid, auch wenn ihr erst 2015 deutsche Staatsbürger geworden seid, jetzt mit Verantwortung dafür tragt, denn Staatsbürgerschaft bedeutet nicht nur Rechte, sondern auch Pflichten, ist auch Verantwortung und so weiter. Und da spielt es überhaupt keine Rolle, ob dein Großvater Nazi war oder nicht.

Mansour: Natan, was bedeutet dann diese Verantwortung? Wer trägt Verantwortung wofür? Was bedeutet das im Alltag?

Sznaider: Dass das Teil der Geschichte geworden ist. Das heißt aber nicht, dass das irgendeine Verpflichtung mit sich bringt, ein besserer Mensch oder solidarisch mit Israel zu sein. Was soll das, dass man Jugendliche nach Auschwitz bringt? Damit sie solidarisch mit Israel werden? Was für ein Gedanke ist das denn?

Mansour: Das hat damit nichts zu tun, aber genau deshalb habe ich die Frage gestellt, denn wenn wir diese Verantwortung tragen, dann muss es auch um die Gegenwart und nicht nur um die Vergangenheit gehen. Dann kommen die Leute und sagen: »Meine Verantwortung ist, dass es nie wieder Rassismus oder Vorurteile in Deutschland gibt. Ich engagiere mich jetzt in Antirassismusprojekten.« Das ist großartig. Es kann aber jemand anderes kommen und sagen: »Ich habe das gesehen und deshalb ist meine Verantwortung, hier Israel zu bekämpfen und diese jüdische Lobby zu bekämpfen, die Israel finanziert, damit nicht das passiert, was hier in Deutschland passiert ist.« Dann wird es kompliziert und für mich hängt eigentlich alles zusammen. Wenn wir über Antisemitismus sprechen oder Antisemitismus bekämpfen, ist das das Resultat des Holocaust und dessen, was im Nationalsozialismus passiert ist.

Also wie sorgen wir dafür, dass Antisemitismus sich nicht verbreitet, und wie können wir Antisemitismus bekämpfen? Ich gebe dir absolut recht, dass die Geschichte des Antisemitismus nicht mit Israel angefangen hat. Ich bin mir nicht sicher, ob man überhaupt Juden braucht, um Antisemitismus zu verbreiten. Antisemitismus existiert seit 5000 Jahren und wird wahrscheinlich in Deutschland und auch auf der Welt nicht verschwinden. Aber die zentrale Frage ist, ob er einen Konsens erreicht wie in der Nazizeit oder ob wir diese Krankheit dadurch irgendwie im Zaum halten können, indem wir erstens Verantwortung für die Vergangenheit übernehmen und zweitens es auch als Verantwortung verstehen, Ausprägungen des modernen Antisemitismus entgegenzuwirken. Und es gibt Tausende Methoden, die vielleicht bei dem einen funktionieren, bei dem anderen aber nicht. Aber ich werde diesen Kampf nicht aufgeben. Ich bin auch absolut bei dir, dass dies nicht nur in einer Gedenkstätte stattfinden muss. Ich finde, das ist ein aufgeblasenes Geschäftsmodell geworden, das sich häufig nur selbst am Leben erhalten will. Es kann und muss viel mehr jenseits der Gedenkstätten stattfinden, aber mit Bezug zur Erinnerungskultur und mit Blick auf einen Transfer der Bedeutung dieser Ereignisse in Richtung Zukunft.

Strommenger: Wir haben im Verlauf unseres Gesprächs schon in vielerlei Hinsicht bestimmte Entwicklungslinien besprochen, die das sich verändernde Verständnis von Erinnerungskultur und die Geschichte erinnerungskultureller Praxis kennzeichnen. Ich würde gerne noch einmal an zwei Punkten einhaken und spezifizierend nachfragen, was genau sich diesbezüglich verändert hat. Sie hatten gerade, Herr Sznaider, auf die enge Beziehung hingewiesen, die zwischen verschiedenen Formen der historischen Auseinandersetzung mit dem Holocaust in Deutschland und sich verändernden Vorstellungen von Staatsbürgerschaft zu unterschiedlichen historischen Zeitpunkten bestanden hat beziehungsweise besteht. Welche Entwicklungslinien würden Sie hier ziehen und welche zentralen Veränderungen herausstellen? Wenn ich Sie richtig verstanden habe, besteht eine wichtige Veränderung darin, dass die Zugehörigkeit zur Nation ausgerechnet in der gegenwärtigen Migrationsgesellschaft nicht erst einmal herkunftsunabhängig gedacht wird, wie es bei einem liberalen Staatsbürgerschaftsverständnis der Fall wäre. Stattdessen scheint es fast, als kehrte hier das alte deutsche Verständnis einer Kulturnation unter veränderten Vorzeichen zurück. Dagegen hätte ein politisch begründetes Staatsbürgerschaftsverständnis zur Folge, dass sich Personen mit deutscher Staatsbürgerschaft, in gewisser Hinsicht alle in Deutschland lebenden Personen, unabhängig von ihrer Herkunft mit der deutschen Geschichte und deren politischen Implikationen auseinandersetzen könnten und sollten. Wie würden Sie diese Beobachtung in längere Entwicklungslinien einordnen? Hat sich hier etwas in Deutschland verändert, im Staatsbürgerschaftsverständnis beziehungsweise im Verhältnis von Erinnerungskultur und Staatsbürgerschaftsverständnis?

Sznaider: Ja, ich glaube schon. Die Shoah war eine deutsche Angelegenheit. Das ist das Entscheidende, und nicht, ob mein Großvater oder mein Urgroßvater ein Nazi oder kein Nazi war. Deswegen sehe ich diese enge Verknüpfung zwischen Staatsbürgerschaft und dem, was man historische Verantwortung in irgendeiner Form nennen kann. Wie sich eine solche konkret ausdrückt, ist dann eine ganz andere Frage. Im ersten Gespräch wurde diese holländische Studie erwähnt, die unheimlich viel

Entsetzen hervorruft, dass junge Menschen in den Niederlanden nicht viel über den Holocaust wissen.[13] Ich frage mich dann immer, warum die Leute so entsetzt sind. Na und? Was heißt das denn, wenn man viel weiß? Was steckt denn dahinter? Hat man je eine empirische Studie darüber gemacht, ob es eine Relation gibt zwischen der Quantität und der Qualität des Wissens und irgendeiner anderen Form von Verantwortung, Moralität und so weiter? Gibt es so etwas überhaupt? Und wenn man überhaupt nichts weiß über den Holocaust, was hat das für Konsequenzen? Das wäre doch auch einmal ein interessantes Forschungsprojekt. Also ich würde das irgendwie entethnifizieren. Der Begriff der Staatsbürgerlichkeit, aus dem folgt, dass das ganz eindeutig mit Deutschland zusammenhängt, würde dann klarmachen, dass es keine Rolle spielt, ob das jetzt ethnische Deutsche sind oder nicht. Letzteres sollte doch unerheblich sein. Dahinter steckt doch wirklich fast schon dieses urethnische Denken, von dem man denken könnte, dass wir das gerade in Deutschland schon überwunden haben, oder?

Mansour: Also meines Wissens ist das Ergebnis der Studie nicht, dass jeder vierte Niederländer wenig Wissen über den Holocaust hat, sondern dass jeder Vierte den Holocaust für einen Mythos hält. Und das ist ein großer Unterschied. Das ist eine bewusste Verleugnung von Geschichte. Ich glaube nicht, dass Wissen oder Wissensvermittlung hier die einzige Lösung ist, weil in diesem Zusammenhang Verschwörungstheorien, Feindbilder und eine Verzerrung der Geschichte eine Rolle spielen. Und es ist sehr wichtig, auch Menschen zu erreichen, die so denken, und zu versuchen, über einen emotionalen Zugang und über Pädagogik eine gewisse Emotionalität herzustellen zu dem Thema. Wir leben in einer Migrationsgesellschaft, das stellt uns vor andere Herausforderungen.

Wenn in Schweden manche Bezirke »judenfrei« geworden sind, wenn Juden in Berlin nicht mehr mit Kippa unterwegs sein können, weil sie Angst haben, wenn Menschen in Frankreich das Land verlassen, um Sicherheit in Israel zu suchen, dann gibt das der Migration eine Dimension, die neu ist, die wir berücksichtigen müssen. Und es geht mir nicht darum, alle Menschen mit Migrationshintergrund als Antisemiten darzustellen, aber es sind Menschen, die zum Teil anderswo groß geworden sind, die eine ganz andere Sozialisation erlebt haben, die aus Ländern kommen, die teilweise mit Israel und eben auch mit den Juden eine Art von Krieg oder mindestens einen gefühlten Krieg führen. Und da glaube ich schon, dass es für uns hier in Deutschland eine Verantwortung gibt, diese Menschen zu erreichen, wenn nicht über Erinnerungskultur, dann über eine gelungene Integration oder über das Zusammenleben. Es leben hier ja unterschiedliche Menschen, die Juden, Christen, Muslime oder Atheisten sind, und sie können nur zusammenleben, wenn über solche Themen auch gesprochen wird und Vorurteile abgebaut werden, in diesem Fall Vorurteile in Bezug auf Juden.

Sznaider: Na ja, die Auslagerung von antisemitischen Ressentiments ins migratorische Lager – macht man sich das als Deutscher nicht ein bisschen zu einfach? Dann kann man sagen: »Das sind ja die, damit haben wir nichts zu tun!« Vielleicht docken die einfach an einem bestehenden Antisemitismus an, der hier normalisiert ist. Ich bin in Mannheim in den 1960er Jahren aufgewachsen, wo es ganz klar war, dass man unter Antisemiten lebte und es ganz wenig Migration gab. Da waren vielleicht meine Eltern und das Milieu. Aber ich hatte antisemitische Lehrer, auch die Bäckersfrau war antisemitisch. Das war alles ganz normal, leider so normal, dass man es gar nicht mehr als antisemitisch empfunden hat.

Mansour: Das stelle ich nicht infrage. Also wenn man über muslimischen Antisemitismus oder Antisemitismus, der eine Migrationsausprägung hat, spricht, bedeutet es nicht, dass man die deutsche Mehrheitsgesellschaft freispricht vom Antisemitismus.

Sznaider: Es hörte sich ein bisschen so an.

Mansour: Ich arbeite in diesem Bereich und deshalb beschäftige ich mich mit diesem Thema. Aber es lässt sich definitiv festhalten, dass wir in den letzten zweieinhalb Jahren genug Menschen aus der Mehrheitsgesellschaft gesehen haben, die auf die Straße gegangen sind und Verschwörungstheorien verbreitet haben, die absolut antisemitisch waren. Wir dürfen Halle nicht vergessen, wo ein Rechtsradikaler zu Jom Kippur 2019 einen Anschlag auf die Synagoge geplant hat, zwei Menschen erschoss und weitere verletzte. Wir dürfen nicht vergessen, dass wir eine sehr große Gruppe von Rechtsradikalen haben, die diesen klassischen Antisemitismus propagieren, und manchmal kooperieren sogar Islamisten und Rechtsradikale, wenn es darum geht, Israel zu hassen oder die Juden verantwortlich zu machen. Aber trotzdem müssen wir in der Lage sein, über diese Art von Antisemitismus zu sprechen, wenn es darum geht, wie wir eigentlich zusammenleben wollen. Hinzu kommt, was du gesagt hast: Wir tragen eine Verantwortung mit, wenn wir Teil dieser Gesellschaft sein wollen. Wie tragen Menschen, die vielleicht anders sozialisiert sind, diese Verantwortung?

Strommenger: In Ihren beiden Statements ist schon sehr deutlich geworden, für wie wichtig Sie die Unterscheidung von Antisemitismus und Rassismus halten und welche Bedeutung einer solchen auch in der erinnerungskulturellen Auseinandersetzung mit Geschichte zukommt. Aktuell lässt sich in zeithistorischen und soziologischen Debatten, aber auch in politischen Gegenwartsdiskussionen jedoch eher eine gegenläufige Entwicklung feststellen, die sich durch den Versuch auszeichnet, Antisemitismus als eine Unterform des Rassismus zu beschreiben. Oftmals ist damit verbunden, den Holocaust als eine Unterform des Kolonialismus oder Imperialismus, als einen Genozid unter vielen anderen zu verstehen. Eine solche Argumentation zielt nicht selten darauf ab, Israel, das als Staat ja eng mit der Geschichte des Holocaust verbunden ist, zu delegitimieren. Welche Veränderungen würden Sie diesbezüglich in den letzten Jahrzehnten konstatieren? Würden Sie etwa sagen, dass es bei der Beschäftigung mit der deutschen Geschichte früher deutlich stärker um Fragen von Antisemitismus ging, während heute Fragen von Rassismus ins Zentrum rücken? Und hat Ihres Erachtens eine Art Subsumption des Antisemitismus unter einen viel zu allgemeinen, dadurch historisch ungenauen und analytisch aufgeblähten Rassismusbegriff stattgefunden? Oder stellen Sie diesbezüglich keine Veränderung fest?

Mansour: Also ich kann nur über die letzten 18 Jahre sprechen, in Bezug auf die Zeit davor kenne ich mich nicht so gut aus. Aber für diesen Zeitraum kann ich sagen, dass es durchaus gewisse Entwicklungen und Akteure gibt, die bewusst aus aktivistischen Gründen Rassismus und Antisemitismus gleichstellen wollen. Ich erinnere mich an einen Fall, bei dem die Bundesregierung, vor allem die damalige Kanzlerin Angela Merkel, am Brandenburger Tor in Berlin eine Veranstaltung machen wollte mit dem Titel *Nie wieder Judenhass!*. Das war nach dem ersten Gaza-Krieg 2014, als diese schockierenden Bilder im Umlauf waren, wo Menschen mit Migrationshintergrund Synagogen angegriffen haben und wirklich klassische antisemitische Parolen gerufen haben. Dann hat man bestimmte muslimische Verbände gefragt, ob sie mitmachen. Ihre Bedingung war, dass man nicht über Antisemitismus allein spricht, sondern auch über Salafismus und Islamfeindlichkeit. Das hat einen politischen Hintergrund, denn es geht darum, nicht in der Verantwortung zu stehen, denn wenn man nur über Antisemitismus spricht, dann muss man auch in Bezug auf 2014 über muslimischen Antisemitismus sprechen. Da müssen diese Menschen Verantwortung übernehmen. Wenn man aber Antisemitismus und Islamfeindlichkeit gleichstellt, dann sind sie in der Opferrolle und können sich auf der Seite der betroffenen Juden verorten. Damit will ich nicht sagen, dass wir keinen Rassismus in unserer Gesellschaft haben. Es bedeutet auch nicht, dass wir keine Muslimfeindlichkeit in unserer Gesellschaft haben. Das sind reale Phänomene, und es ist wichtig, dass wir uns damit auseinandersetzen. Aber ich sehe, dass diese Gleichstellung aus aktivistischen Gründen erfolgt, um vor allem historisch betrachtet in Deutschland die Bedeutung des Kampfes gegen Rassismus demjenigen gegen Antisemitismus gleichzustellen und, darüber hinaus, um sich der Verantwortung zu entziehen, muslimischen Antisemitismus als Problem anzuerkennen und etwas dagegen zu unternehmen.

Sznaider: Das ist ein weiteres gutes Beispiel für die Unterscheidung zwischen wissenschaftlicher und politischer Analyse. Die politische Analyse hast du jetzt wunderbar geleistet, das ist klar. Das heißt aber nicht, dass man in der wissenschaftlichen Analyse denselben Weg geht oder gehen soll, auch wenn es sicher Schnittmengen gibt. In einem Seminar über Antisemitismus – es heißt nicht Antisemitismus und Rassismus, sondern Antisemitismus –, beziehe ich mich am Anfang auf einen Text von James Baldwin, *Stranger in the Village (1953)*,[14] ein Fremder in einem Schweizer Dorf, und auf den Text *Der Fremde*

(1908)[15] von Georg Simmel. In beiden Titeln steckt der Begriff »der Fremde«. Und danach nehmen wir uns den Text von Frantz Fanon über *Schwarze Haut, weiße Masken (1952, dt. 1980)* vor.[16] Was ich in diesem ersten Abschnitt in dem Seminar aufzuarbeiten versuche, sind die analytischen Unterschiede, die die Beobachter in einer gewissen Autotheorie selbst gemacht haben, denn sowohl Simmel als auch Baldwin und Fanon sind Autotheoretiker, theoretisieren also ihr eigenes Leben. Baldwin lebte damals in Paris, war schwul, hatte einen Schweizer Freund, der ihn in das Schweizer Dorf Leukerbad einlud. Dorthin sind sie 1954 gefahren und anscheinend war er der erste schwarze Mann, der in diesem Dorf auftauchte. Und die Kinder waren total erstaunt und haben geglaubt, da ist ein Marsmensch gelandet, und sie wollten seine Haare anfassen, schauten ihn an und so weiter. Er hat darüber reflektiert, was der Unterschied ist zwischen den Straßen in New York und diesem Schweizer Dorf, wo er der Einzige ist, der nicht weiß ist.

Simmel spricht in seinem kleinen Essay über den Fremden, über denjenigen, der heute kommt und morgen bleibt, und darüber, dass das Jüdischsein dieses Element des Fremdseins hat, das so bedrohlich ist, weil es so tut, als wäre es nicht fremd. Gerade moderne Juden, nicht orthodoxe Juden, sondern moderne, also unsichtbare Juden können ja durchaus das, was man in der amerikanischen Sprache der Schwarzen *passing as* nennt. Das heißt, wenn jemand schwarz ist, kann er nicht auf die Straße gehen und so tun, als ob er weiß wäre. Wenn ich in Berlin auf die Straße gehe, dann bin ich unerkennbar, wenn ich nicht gerade ein Käppchen aufziehe oder einen Davidstern trage, und ich kann sogar mit der Bäckersfrau in Berlin so reden, dass sie mich in meinem Judesein nicht erkennt. Das ist eine ganz andere Form von »Bedrohung«, denn wenn sie wüsste, dass ich jüdisch wäre, dann würde sie mich vielleicht mit ganz anderen Augen ansehen – eine andere Form von Fremdeln sozusagen. Und dann kommt Frantz Fanon und schreibt in *Schwarze Haut, weiße Masken*, dass der Rassismus in die Haut eingebrannt sei, während er glaubt, dass der Antisemitismus nicht in die Haut eingebrannt sei, weil Juden, so hat er es beschrieben, eben weiß seien – obwohl das natürlich nicht unbedingt so sein muss, denn es gibt ja auch schwarze Juden. Und danach lese ich dann die *Jerusalem Declaration*, die versucht, Rassismus und Antisemitismus aufzulösen in einem gemeinsamen Ressentiment.[17] Und du hast von den Konsequenzen gesprochen. Was passiert, wenn dieses sehr amerikanische Phänomen dann nach Deutschland überschwappt?

Ich habe einmal versucht, mit Michael Rothberg darüber zu diskutieren, dass sein Konzept der multidirektionalen Erinnerung, das auf einer ähnlichen Schiene wie die Gleichstellung von Rassismus und Antisemitismus läuft, eigentlich aus der jetzigen, progressiven amerikanisch-jüdischen Erfahrung entstanden ist, die versucht, Solidaritäten *across minorities* herzustellen; eine Solidarität, die es mal gegeben hat zwischen Schwarzen und Juden in den Vereinigten Staaten, die aber seit den 1960er Jahren irgendwie auseinandergebrochen ist und jetzt auf dem Prüfstein steht, gerade bei Black Lives Matter. Unter progressiven Juden und Jüdinnen in Amerika gibt es den Versuch, wieder an diese *politics of minorities*, also diese Minderheitenpolitik anzudocken, weil Juden in den Vereinigten Staaten nach dem Zweiten Weltkrieg wirklich weiß geworden sind und eigentlich nicht mehr als Minderheit gelten. Man füllt im amerikanischen College aus, welcher Minorität man angehört, wenn man sich einschreibt, und *Jew* ist nicht mehr dabei. Juden haben also aufgehört, eine Minorität zu sein. Sie sind weiß geworden, also jüdische Amerikaner, amerikanische Juden müssen dann *Caucasian*, »weiß«, ankreuzen. Das heißt, diese Form von Politik ergibt im amerikanisch-jüdischen Kontext total Sinn. Das ist das, was sie wollen. Wenn das dann übertragen wird auf den europäischen Kontext und vor allen Dingen, wenn es dann mehr als zehn Jahre später (das Buch ist ja 2009 in Amerika erschienen und dann 2021 in Deutschland) herüberkommt nach Deutschland, wenn *Multidirectional Memory*[18] plötzlich zur multidirektionalen Erinnerung[19] wird und wenn dann auch diese Formulierungen von Rassismus und Antisemitismus und ihrer Gleichsetzung in den deutschen politischen Kontext kommen, dann wird es zu dem, was du vorhin beschrieben hast, und ergibt viel weniger Sinn.

Wir bewegen uns also auf diesen verschiedenen symbolischen Feldern. Wir bewegen uns auf dem wissenschaftlichen Feld und hier sowohl auf einem konzeptuellen, soziologischen oder wissenssoziologischen Feld, das heißt, wie Begriffe in welchem Kontext erfasst, verstanden, formuliert werden, also das, was wir Wissenssoziologen Sprecherposition nennen. Dazu kommt noch die temporale Dimension, die ich vorhin erwähnt hatte, also einerseits Menschen, die in der Gegenwart sind und glauben, dass die Gegenwart das Ende der Vergangenheit ist, und andererseits Menschen, die glauben, dass sie der Beginn der Zukunft ist und eine ganz andere politische Einstellung haben. Das ist auch ein symbolisches Feld. Dann ist da die Geschichte, die Soziologie, wie man damit umgeht. Und dann, plötzlich, schwupps, kommt noch eine Dimension heraus. Es ist ein bisschen so wie dreidimensionales Schachspielen. Das heißt, plötzlich ist da noch eine politische Dimension dabei. Und alle in diesen Dimensionen, auch diejenigen, die du vorhin erwähnt hast, glauben natürlich, dass sie vollkommen recht haben. Es geht gar nicht anders. Sie müssen recht haben, sonst würden sie diese Position gar nicht einnehmen. Da wir heute in einer Moderne leben, in der es keine Wahrheit mehr gibt, keine Gewissheit mehr gibt, sondern nur noch Positionen und Sprecherpositionen, dann ist natürlich auch klar, dass jeder von seiner Position aus recht hat.

Es braucht hier kein »meiner Meinung nach« und kein Unterstreichen des eigenen vermeintlichen Rechthabens durch eine gewisse Pädagogik, sondern was es braucht – und hier möchte ich Reklame für meine Disziplin machen –, ist eine dreidimensionale Wissenssoziologie, die das dann auseinandernimmt, analysiert, ein bisschen Licht ins Dunkel bringt, den Leuten sozusagen einen Spiegel vorhält und sagt: Das ist die Position, die du einnimmst. Ich sehe mich in der intellektuellen Tradition der Wissenssoziologie, die während der Weimarer Republik von Karl Mannheim entworfen wurde. Was mich seit langem umtreibt, ist die Frage, wie viele Arten zu denken es gibt. Ist die Art, wie wir denken (und leben), unvermeidlich? Gibt es jenseits von recht oder unrecht haben noch andere Ansätze? Für mich verlaufen die Linien der Erinnerung zum Beispiel an Holocaust und Kolonialismus parallel, sie sind scheinbar nah, und doch treffen sie sich vielleicht eher in der Wahrnehmung der Beobachter. Es sind parallele Beschreibungen aus bestimmten Perspektiven.

Gemeinsame Beschreibungen von Holocaust und Kolonialismus sind daher möglich, können so artikuliert werden, um Zusammenhänge im Bewusstsein herzustellen, die tatsächlich existieren oder auch nicht. Der »Fluchtpunkt der Erinnerung« ist für mich der Punkt, wo sich Wirklichkeit und Vorstellung treffen.

Jetzt zeigen wir doch einmal eine gewisse Form von Bewegungsfreiheit, intellektueller Bewegungsfreiheit, und versuchen, die Position desjenigen, den wir völlig ablehnen, einzunehmen und zu verteidigen. Das kann man machen, es ist aber nicht einfach, weil man auf diese Weise auch mit Positionen umgehen muss, die einem zuwider sind. Das ist allerdings die einzig mögliche Form, sonst bleibt einem nichts anderes übrig, als wirklich nur noch positionelle Wissenschaft zu machen, nach der Devise »Wissenschaft ist Solidarität«. Das geht natürlich nicht, man kann keinen epistemologischen Standpunkt einnehmen, von dem aus man sagt: In einer Welt, in der es keine Wahrheit gibt, liegt die einzige Wahrheit bei den Unterdrückten. Das ist eigentlich das, was auch im Postkolonialismus ein wenig überschwappt, dass die Wahrheit bei den Unterdrückten liegt. Das ist Unsinn. Die Wahrheit liegt weder bei den Unterdrückten noch bei den Unterdrückern. Die Wahrheit lebt im Gespräch. Das ist der einzige Ort, wo die Wahrheit wirklich noch bleibt, also das Gespräch, wo man sich von seiner eigenen Position wegbewegt, wo man andere Positionen besucht, ohne dass man gleichzeitig seine eigene aufgibt. Das ist ein ungeheuer schwieriges Unternehmen.

Mansour: Das, was du beschreibst, ist ein großartiger Appell für eine gute Diskurskultur, für einen Austausch von Argumenten, für eine Streitkultur, wenn du das so sagen willst, aber es funktioniert nur, wenn wir Menschen haben, die eine gewisse Offenheit mitbringen zu reflektieren. Und du redest hier über eine Gruppe, die teilweise mit religiösem Eifer ihre Positionen verfolgt. Wenn wir uns postkoloniale Aktivisten anschauen, dann gibt es da keine Zwischentöne und keinen Diskurs. Das ist eine Art von Religion geworden. Wenn ich an einen Antisemiten denke, egal, ob er einen muslimischen Hintergrund hat oder aus der Szene der Verschwörungstheoretiker und Querdenker kommt, dann glaube ich, dass wir diesen Menschen nur sehr schwer durch einen Austausch von Argumenten und Reflexionen erreichen können. Und ich finde es eigentlich irre, dass Juden in den USA nicht mehr als eine Minderheit betrachtet werden. Das zeigt ja, wie postfaktisch die Debatte geworden ist. Ich glaube, solche Bestrebungen gibt es auch hier in Deutschland. Deshalb ist es so beliebt bei bestimmten Akteuren, Juden zu enttabuisieren, um sie hassen zu können, was aufgrund der deutschen Vergangenheit ja ansonsten schwierig beziehungsweise nicht legitim ist.

Sznaider: Die Juden in Amerika sind keine Minderheit mehr, weil sie vollkommen davon überzeugt sind, dass sie amerikanisiert worden sind, und das auch so wollen.

Mansour: Na ja, da bin ich mir nicht sicher. Wenn man sich anschaut, wie viele antisemitische Attacken auf bestimmte jüdische Communitys in den letzten Jahren stattgefunden haben, dann glaube ich nicht, dass sie jetzt amerikanisiert sind. Das ist auch das, was beispielsweise der Halle-Attentäter vor Gericht sagte. Das war hochinteressant und passt auch zu dem, was du gesagt hast. Er hat gesagt, die Gefährlichkeit der Juden bestehe darin, dass man sie nicht von den Weißen unterscheiden könne. Abraham B. Jehoshua versuchte in seinen Schriften herauszufinden, warum Antisemitismus so lange überlebt hat. Einer seiner Erklärungsversuche war, dass viele Menschen in bestimmten Gesellschaften nicht unterscheiden können, ob eine Person ein Jude ist oder jemand, der »zu uns« gehört. Diese Ähnlichkeit, dieses Verschwinden in bestimmten Communitys, das sind die Punkte, die auch von Antisemiten als gefährlich dargestellt werden.

Strommenger: Lassen Sie uns jetzt langsam zu dem Teil kommen, der sich mit der Zukunft befasst. Wir haben im Gespräch hier und da schon darauf Bezug genommen. Es gibt aber einige wichtige Aspekte, die noch nicht umfassend zur Sprache gekommen sind und zu denen mich Ihre Einschätzung sehr interessiert, und zwar möchte ich noch einmal auf einen Punkt zurückkommen, den Sie beide am Anfang angesprochen haben: die Notwendigkeit, die Besonderheit des deutschen Falls als Täternation zu berücksichtigen. Was heißt es also, wenn wir heute über die Zukunft des NS-Gedenkens *in Deutschland* und dessen

Spezifik sprechen? Ich möchte dazu in knapper Form auf einen Roman eingehen, den ich sehr eindrucksvoll fand, Yishai Sarids *Monster (2019)*.[20] Darin geht es um einen israelischen Historiker, der mit dem Auseinanderdriften der offiziellen Erinnerungspolitik seines Landes in Bezug auf den Holocaust und mit dem historischen Bewusstsein vor allem der Jugend hadert. Sarid benennt damit die grundsätzlichen Herausforderungen und Grenzen des Gedenkens auf eindrucksvolle Weise, wie ich finde, und zeigt, dass viele unserer Annäherungen an die Vergangenheit das Grauen der Shoah überhaupt nicht zur Sprache bringen können, teilweise auch eher einer Form der Abwehr dienen. Nicht zuletzt bezüglich des letzten Punktes unterstreicht der Roman, wie wichtig es ist, zwischen der Opfer- und der Täterperspektive zu unterscheiden, denn am Ende sieht sich der israelische Protagonist mit einem deutschen Dokumentarfilmer konfrontiert, der zwar Empathie heuchelt, dem es aber insbesondere darum geht, selbst einen Nutzen aus der Geschichte zu ziehen. Wenn man sich dann die Rezeption des Buches in Deutschland anschaut, fällt auf, dass dieser zweite Aspekt, also die Unterscheidung von Opfer- und Täterperspektive, bemerkenswerterweise in vielen Fällen kaum oder zumindest nicht besonders ausgeprägt wahrgenommen wurde. Angesichts dieser Beobachtung interessiert mich, inwiefern Sie dieses Problem der Sinnstiftung durch Geschichte gerade in Deutschland als dem Land der Täter gegeben sehen. Davon ausgehend lässt sich fragen, ob und, wenn ja, wie gerade in Deutschland (zukünftig) überhaupt eine Form des Gedenkens existieren kann, die sich dieses Problems bewusst ist, es in seiner Tragweite ernst nimmt und in angemessener Weise darauf reagiert.

Sznaider: Ich habe keine Ahnung. Ich weiß es wirklich nicht. *Monster* ist ein super Buch, überhaupt keine Frage. Es hat mir sehr, sehr gut gefallen, aber es ist auch ein sehr israelisches Buch. Sarid versucht, irgendwie damit umzugehen, inwieweit die Holocausterinnerung für viele in Israel überwältigend ist, was auch teilweise stimmt. Ich meine, es gibt einen wunderbaren Artikel von Yehuda Elkana aus den 1980er Jahren mit dem Titel *Im Namen des Vergessens* (engl. *The Need to Forget*).[21] Und ich habe vorhin schon ein bisschen meine Einstellung demgegenüber angedeutet: Dass man nicht nach Auschwitz fahren soll und dass man Auschwitz platt machen und dass man Gras darüber wachsen lassen soll, buchstäblich Gras darüber wachsen lassen soll und dass meiner Meinung nach dieser Ort in Vergessenheit geraten und nicht immer wieder hochgeholt werden soll. Das ist meine Meinung und, wie gesagt, als ich das einmal geäußert habe, hat man mich wegen dieses Vorschlags an meiner Hochschule als Holocaustleugner bezeichnet. Ich weiß, dass ich damit ein bisschen im Abseits, vielleicht sogar stark im Abseits stehe, wenn ich diese Fußballmetapher nehme, kriege ich keine Bälle mehr. Das ist so. Erinnerung ist der Ort, wo Wirklichkeit und Fantasie sich irgendwie treffen. Das kann man doch sagen, gerade wenn man über die Zukunft der Erinnerung spricht. Wenn ich über Fantasie sprechen will, dann würde ich morgen früh aufwachen wollen und die Shoah würde nicht mehr existieren, nicht als Ort und nicht als Ereignis und sicher nicht in meiner eigenen Geschichte. Das würde ich wollen. Dass das nicht geht, weiß ich auch, weil es Fantasie und Wirklichkeit gibt. Aber das ist das, was ich wollte.

Mansour: Ich würde das weiterführen, als These. Ich habe Schwierigkeiten mit meiner Position hier als Moslem und als jemand, der in Deutschland lebt, einem Juden beizubringen, wie er mit seiner eigenen Geschichte umgehen sollte, obwohl es auch meine ist.

Sznaider: Wir machen das jetzt schon seit zwei Stunden.

Mansour: Lass uns bitte fantasieren, okay? Sagen wir mal, das Land Israel wird 1948 gegründet, ohne dass der Holocaust in Europa stattgefunden hat. Der Zweite Weltkrieg endete in einer Auseinandersetzung mit Frankreich und Großbritannien, es gab keine sechs Millionen Tote, es gab den Holocaust nicht und so weiter und so fort. Schauen wir uns Deutschland jetzt an. Ich würde gerne von dir wissen: Was glaubst du, wie ginge es den Juden in Deutschland heute, und wie stünde es um die Beziehung zwischen Deutschland und Israel? Alles ist da, außer dem Holocaust.

Sznaider: Spinnen wir das sogar noch ein bisschen weiter: Es gab einen Moment, der gar nicht so unmöglich war. Dan Diner schreibt in seinem Buch *Ein anderer Krieg* (2021),[22] ein wunderbares Buch, das ich nur allen empfehlen kann, über diesen Moment. Es ist auch kein Zufall, dass er jetzt in Berlin am Deutschen Historischen Museum eine Ausstellung kuratiert hat, die *Roads not Taken*[23] heißt. Diese Ausstellung widmet sich Möglichkeiten, die die Geschichte bereithält – ganz, ganz spannend, wahrscheinlich für Zeithistoriker ein bisschen merkwürdig, aber fantastisch. Und da gibt es diesen Moment in el-Alamein in Ägypten 1941. Die deutsche Armee unter Erwin Rommel war kurz davor, in Palästina einzumarschieren. In Kairo landeten Eichmann und sein Stab, um die Vernichtung der Juden im Jischuw, im damals vorstaatlichen Israel, einzuleiten, wie in anderen Ländern auch mit der Kooperation der lokalen arabischen Bevölkerung. Das war auch der Grund, warum der Mufti von Jerusalem in Berlin war, um das miteinander zu koordinieren. Das war der Plan. Das haben die Engländer verhindert, genauer General Montgomery. Ich habe irgendwann einmal am Holocaust-Gedenktag in unserem College gesagt, dass wir am Holocaust-Gedenktag die britische Hymne singen müssten, weil Montgomery eigentlich das jüdische Gemeinwesen in Palästina gerettet hat, nicht weil er die Juden mochte, sondern weil er nicht wollte, dass Großbritannien Indien verliert. Und natürlich auch nicht Palästina. Das war der Grund.

Jetzt stellen wir uns einmal vor, das wäre passiert. Rommel hätte die Schlacht in el-Alamein gewonnen und nicht Montgomery, die deutsche Armee wäre in Palästina einmarschiert und hätte dort alle Juden vernichtet, was wahrscheinlich passiert wäre. Und es wäre dann klar, dass nach 1945 dieses Palästina als jüdisches Gemeinwesen nicht mehr existiert hätte, dass die überlebenden Juden nach 1945 dorthin nicht mehr hätten einwandern können und es Israel heute nicht geben würde. Entweder hätten die europäischen Juden, die den Holocaust überlebt hätten, in Deutschland bleiben müssen, nach Kanada oder in die Vereinigten Staaten auswandern oder was auch immer. Das wäre wahrscheinlich das schlimmste Schicksal für die jüdischen Überlebenden gewesen. Es kann sein, dass das Judentum das nicht überlebt hätte. Das heißt also, ich bin mit dir hundertprozentig einig. Und ich lasse mich von dir nicht zionistisch ausflankieren, sondern gebe dir zionistisch noch eins drauf. Es ist klar, dass dieses Land für uns Juden ein Anker ist, der wichtigste Anker, und ich politisch dafür einstehen werde. Dabei spielt es keine Rolle, wer regiert.

Mansour: Ich bin absolut bei dir. Meine These wäre aber, dass die Erinnerungskultur eigentlich der letzte Damm ist, der noch schlimmere antisemitische Ausbrüche jeglicher Art in Europa verhindert.

Sznaider: Das glaube ich nicht.

Strommenger: Warum gehen Sie davon aus, Herr Mansour?

Mansour: In dem Moment, in dem dieses Trauma, diese gewaltige Erinnerung, dass hier wirklich sechs Millionen Juden systematisch ermordet wurden, nicht (mehr) vorhanden wäre, wäre es viel einfacher, auf der Straße Juden zum Beispiel dafür verantwortlich zu machen, dass es Corona-Impfungen gibt, dann wäre es viel einfacher, vor dem Hintergrund des Postkolonialismus Israel als Verbrecherstaat darzustellen, viel einfacher, Antisemitismus und Rassismus gleichzusetzen. Und es wäre viel schwerer, muslimischem Antisemitismus etwas entgegenzusetzen. Wir sehen das auch in bestimmten anderen Ländern, die diese Erinnerungskultur nicht haben, obwohl der Holocaust auch dort Auswirkungen hatte. Ich glaube, dass unsere Erinnerungskultur mit all ihren negativen Seiten, die ich deutlich sehe, mit den Schwierigkeiten, mit den Problemen, mit dem Hadern darüber, wie es weitergeht, dennoch etwas ist, das uns oder vor allem Juden vor einem noch schlimmeren Antisemitismus schützt.

Sznaider: Lassen wir das als letztes Wort stehen, glaube ich.

Strommenger: Lieber Herr Sznaider, lieber Herr Mansour, ich danke Ihnen herzlich für dieses Schlusswort und für ein überaus erkenntnisreiches Gespräch, ein Gespräch, das es in einer solchen Konstellation nicht häufig gibt und das es meines Erachtens gerade dadurch geschafft hat, die Frage der deutschen Erinnerungskultur in größeren Zusammenhängen und durchaus ungewohnten Gedankengängen zu erwägen.

Anmerkungen

1 Natan Sznaider, Die jüdische Wunde. Leben zwischen Anpassung und Autonomie, München, 2024; ders., Die Wunde Israel, in: Tania Martini/Klaus Bittermann (Hrsg.), Nach dem 7. Oktober. Essays über das genozidale Massaker und seine Folgen, Berlin, 2024, S. 194–207; Navid Kermani/ders., Israel. Eine Korrespondenz, München, 2023; ders., Ein Angriff auf alles Jüdische, in: Süddeutsche Zeitung, 27.05.2024, S. 11; ders., Nur die Verzweiflung kann uns retten, in: Der Spiegel, 25.11.2023, S. 120; ders., Zur Lüge der Linken, in: Süddeutsche Zeitung, 23.10.2023, S. 11; ders., Der reine Hass, nicht Widerstand, in: Frankfurter Allgemeine Zeitung, 17.10.2023, online: https://www.faz.net/aktuell/feuilleton/debatten/israel-nach-dem-7-oktober-netanjahu-wird-nach-dem-krieg-gehen-muessen-19246743.html [12.11.2023].

2 Ahmad Mansour/Josef Schuster, Spannungsfelder. Leben in Deutschland. Im Gespräch mit Shelly Kupferberg, Freiburg im Breisgau, 2024; ders., Ungesehenes Leid, in: taz – die tageszeitung, 04.07.2024, S. 11; ders., Wie Judenhass vordringt, in: Frankfurter Allgemeine Zeitung, 01.06.2024, S. 16; Sophie Albers Ben Chamo, »Manche zeigen nach dem 7. Oktober ihr wahres Gesicht« (Interview mit Ahmad Mansour), in: Jüdische Allgemeine, 03.05.2024, S. 14; Evelyn Finger, »Die Schlächter sprechen meine Sprache« (Interview mit Ahmad Mansour), in: Die Zeit, 30.11.2023, S. 64; Ahmad Mansour, Das Ende der Dämonisierung, in: Neue Züricher Zeitung, 27.12.2023, S. 11; Report München: Ahmad Mansour – Gegen den Hass, 02.04.2024.

3 Daniel Levy/Natan Sznaider, Erinnerung im globalen Zeitalter. Der Holocaust, Frankfurt am Main, 2001; ders., The Holocaust and Memory in the Global Age, Philadelphia, 2005.

4 Christian Heilbronn/Doron Rabinovici/Natan Sznaider, Neuer Antisemitismus? Eine globale Debatte, Frankfurt am Main, 2004; dies., Neuer Antisemitismus? Fortsetzung einer globalen Debatte, Frankfurt am Main, 2019.

5 Natan Sznaider, Fluchtpunkte der Erinnerung. Über die Gegenwart von Holocaust und Kolonialismus, München, 2022.

6 Mansour-Initiative für Demokratieförderung und Extremismusprävention (MIND) GmbH, online: https://www.mind-prevention.com/ [28.10.2024].

7 Ahmad Mansour, Klartext zur Integration. Gegen falsche Toleranz und Panikmache, Frankfurt am Main, 2018; ders., Solidarisch sein! Gegen Rassismus, Antisemitismus und Hass, Frankfurt am Main, 2020; ders., Operation Allah. Wie der politische Islam unsere Demokratie unterwandern will, Frankfurt am Main, 2022.

8 Aimé Césaire, Discours sur le colonialisme. Discours sur la Négritude [1950/1955], Paris, 2000.

9 Aimé Césaire, Über den Kolonialismus, Berlin, 2021.

10 Edward Said, Orientalism, New York, 1978.

11 Das Gespräch fand am 27. Januar 2023, am Jahrestag der Befreiung von Auschwitz statt.

12 Zum sprunghaften Anstieg antisemitischer und islamistischer Angriffe vgl. Bundesamt des Innern und für Heimat, Verfassungsschutzbericht 2021, Berlin 2022, S. 184–201, online: https://www.bmi.bund.de/SharedDocs/downloads/DE/publikationen/themen/sicherheit/vsb-2021-gesamt.pdf?__blob=publicationFile&v=6 sowie Bundesamt für Verfassungsschutz, Lagebild Antisemitismus 2022/23, Köln 2024, S. 70–77, online: https://www.verfassungsschutz.de/SharedDocs/publikationen/DE/allgemein/2024-05-lagebild-antisemitismus.pdf?__blob=publicationFile&v=2.

13 Almost a Quarter of Young Dutch Deny Holocaust or Think It's Exaggerated: Survey, in: Reuters, 25.01.2023, online: https://www.reuters.com/world/almost-quarter-young-dutch-deny-holocaust-or-think-its-exaggerated-survey-2023-01-25/.

14 James Baldwin, Stranger in the Village, in: Harper's Magazine 207 (1953), 1241, S. 42–47.

15 Es handelt sich um ein Kapitel aus: Georg Simmel, Soziologie. Untersuchungen über die Formen der Vergesellschaftung, Berlin, 1908.

16 Frantz Fanon, Schwarze Haut, weiße Masken, Frankfurt am Main, 1980.

17 Jerusalemer Erklärung zum Antisemitismus, Mai 2021, dt. Fassung online: https://www.jerusalemdeclaration.org/wp-content/uploads/JDA-German.pdf.

18 Michael Rothberg, Multidirectional Memory. Remembering the Holocaust in the Age of Decolonization, Stanford, 2009.

19 Michael Rothberg, Multidirektionale Erinnerung. Holocaustgedenken im Zeitalter der Dekolonisierung, Berlin, 2021.

20 Yishai Sarid, Monster, Zürich, 2019.

21 Yehuda Elkana, The Need To Forget, erstveröffentlicht auf Hebräisch in: Ha'aretz, 02.03.1988.

22 Dan Diner, Ein anderer Krieg. Das jüdische Palästina und der Zweite Weltkrieg 1935–1942, München, 2021.

23 Raphael Gross (Gesamtleitung), Roads Not Taken. Oder: Es hätte auch anders kommen können, Ausstellung Deutsches Historisches Museum, Berlin, 2022.

Kommentar

Ein Raum eigenen Rechts. Zeitgeschichte und Vergangenheitsfähigkeit

Stefanie Middendorf

In einem historischen Moment, in dem wichtige Koordinaten nicht nur des deutschen Kollektivgedächtnisses verschoben werden, fällt es nicht leicht, Antworten auf die Frage nach der Zukunft des Erinnerns zu finden. Seit dem Angriff der Hamas auf die israelische Zivilbevölkerung am 7. Oktober 2023, vor allem aber in Anbetracht der »Zeitenwende« infolge des russischen Angriffs auf die Ukraine, der die Bundesrepublik in militärische Konflikte neuer Größenordnung involvierte, betrachten wir diese Frage nicht länger allein entlang geschichtspolitischer Konfliktlinien der deutschen Gesellschaft. Vielmehr bilden sich auch geopolitische Konfrontationen darin ab. Die Geschichte des Nationalsozialismus und ihre Bedeutung sind gegenwärtig Ressourcen transnationaler Erzählungen und globaler Erinnerungskämpfe, in denen die Anbindung dieser Geschichte an einen nationalen Raum nicht mehr selbstverständlich zu sein scheint.

Dies führt – ob nun im polemischen Vergleich zwischen Holocaust und israelischer Besatzungspolitik, in Hitler-Putin-Parallelisierungen oder in eher wissenschaftlichen Kontroversen – zu Rekontextualisierungen der nationalsozialistischen Verbrechen in Räumen jenseits der deutschen Geschichte, aber auch zu weitreichenden Dekontextualisierungen bis hin zur völligen Entkopplung von historischen Wirklichkeiten – dies hat die hier dokumentierte *Bielefelder Debatte* sehr deutlich thematisiert. Im Kampf um Gegenwartsrelevanz ist das Verschwinden der Vergangenheit in Praktiken der Einverleibung und Aneignung von Geschichte zu beobachten, die als Formen des »Erinnerns« bezeichnet werden, in denen historische Erfahrungen und daran gebundenes Wissen über das Geschehene jedoch eine allenfalls marginale Rolle zu spielen scheinen.

Dies gilt vor allem für den sogenannten Historikerstreit 2.0, der seit einigen Jahren um die globalen und postkolonialen Bezüge des Holocaust und um die Frage geführt wird, ob die deutsche Erinnerungskultur zu einem »Katechismus« erstarrt oder gar Ausdruck pathologischer »Obsessionen« sei.[1] Während wichtige Protagonisten zwar tatsächlich aus dem Fach der Geschichtswissenschaft kommen und entsprechende Fachbeiträge veröffentlichten, wurde die Dynamik der Debatte im weiteren Verlauf von einem breiten, transdisziplinären Feld aus Kulturanthropologen, Literatur- und Erziehungswissenschaftlern oder Juristinnen geprägt. Hier kam zudem eine Grenzfigur zwischen Wissenschaft und politischem Engagement ins Spiel, die für die gegenwärtigen Erinnerungskämpfe wie auch für die Entwicklung des Faches Zeitgeschichte insgesamt von Bedeutung ist, der *activist scholar*.[2]

Diese Beobachtung lässt sich beispielsweise für die Initiativen des Autors, Antisemitismusforschers und Politikwissenschaftlers Max Czollek machen, der sich (auch 2022 in Bielefeld) kritisch zum bestehenden Gedenken und zu damit verbundenen Praktiken der »Wiedergutwerdung«[3] äußert, aber für die Zukunft zugleich eine »plurale Erinnerungskultur« fordert. Die Vergangenheit (welche genau, bleibt unklar) solle dort zwar nicht vergessen werden, aber es sei vor allem die Gegenwart, die zähle. »Erinnerung« solle nicht »domestiziert« oder »harmonisiert« werden, vielmehr das »Potential der Störung« erkundet werden: »Erinnerungsereignisse durchstechen den Teppich der Harmonie, unter den Unmenschliches gekehrt werden soll«, hieß es zum Beispiel in einem Manifest des von Czollek 2021 mitgegründeten, vom Auswärtigen Amt und der Bundesbeauftragten der Bundesregierung für Kultur und Medien geförderten Netzwerkes Coalition for a Pluralistic Public Discourse (CPPD). Dessen abschließende These lautet: »Wir wollen an die Gegenwart, für die Gegenwart und in der Gegenwart erinnern« – was bedeute, an alle Menschen mit Gewalterfahrungen zu denken und die Wiederkehr von Gewalt, die in der Vergangenheit erlebt wurde, zu verhindern.[4]

Eine aktivistische Rahmung schwingt aber, aus der inhaltlich entgegengesetzten Richtung, auch in den Positionen mit, die Ahmad Mansour als ausgebildeter Psychologe und islamismuskritischer Publizist bei dem Gespräch in Bielefeld vertreten hat. Er hat dort konstatiert, dass die Arbeit, die er und andere unter dem Begriff der Erinnerungskultur leisteten, eigentlich als »Integrationsarbeit, Wertevermittlung oder als Versuch« zu bezeichnen sei, »auch Menschen mit Migrationserfahrung als einen Teil dieser Gesellschaft zu betrachten«.[5] Diese Arbeit finde zwar in Gedenkstätten statt, sei aber nicht um die Vergangenheit zentriert, sondern um die Gegenwart, insbesondere um die Gegenwart des Antisemitismus.

Solche spannungsreichen Schulterschlüsse zwischen Academia und Gegenwart sind natürlich so wenig neu wie die politische Zurichtung und Verwendung historischen Wissens. Doch bieten sich in den weiten Feldern des Internets und der sozialen Medien, die insbesondere den Historikerstreit 2.0 entscheidend prägen, neue Vernetzungsmöglichkeiten und Kommunikationsformen. Die positiv aufgeladene Gestalt engagierter Wissenschaft und ihr Resonanzraum im Medialen markieren wohl einen zentralen Unterschied zum ersten Historikerstreit. Die gegenwärtigen Infragestellungen des NS-Gedenkens werden durch das Idealbild kämpfender Gelehrter wirkmächtiger als es Ernst Noltes noch eher akademisch angelegte Positionierung in den 1980er Jahren sein konnte.

Es entstehen so eigene, oft polarisierende Dynamiken, die durch »Likes«, »Retweets« und Kurzkommentare nur mehr die Positionierung im Pro oder Contra ermöglichen und komplexe Gegebenheiten sowie die eigene Haltung dazu auf wenige Zeilen herunterbrechen. Dies gilt (unterdessen) insbesondere für die geschichtspolitische Unterfütterung von Positionen zum Krieg und zu Gewalterfahrungen in Israel und Palästina, die seit dem Massaker vom Oktober 2023 auch im Feld der Geschichtswissenschaft stark in Form von Petitionen und offenen Briefen stattfindet. Dabei konnten sich Wissenschaftlerinnen und Wissenschaftler oft nur zwei verkürzend inszenierten Lagern zuordnen, dem »proisraelischen« oder dem »propalästinensischen«.[6]

Wechselseitig wurden dabei auch unangemessene Formen des Holocaustvergleichs kritisiert, zugleich aber historische Referenzen aufgegriffen, um die eigene Kritik an der Gegenwart zu legitimieren. Welches innere Ringen Einzelner damit verbunden war und ist, lässt sich wohl besonders eindrücklich an den Interventionen Omer Bartovs beobachten, der gemeinsam mit anderen renommierten NS-Forscherinnen und -Forschern den Missbrauch der Holocausterinnerung durch die israelische Regierung und andere politische Akteure in einem offenen Brief in der *New York Review of Books* kritisierte, zugleich aber für seine immer verzweifelter werdenden Warnungen vor einem möglichen Genozid in Gaza auf seine wissenschaftliche Expertise und das historische Beispiel antisemitischer Gewalt in Osteuropa verwies, das sein eigenes Leben geprägt hat.[7]

In Zeiten, in denen die (Selbst-)Kritik westlicher Gesellschaften zunimmt und die Zukunftsfähigkeit liberaler Demokratien hinterfragt wird, geht es also auch um das, was ungenau als »Erinnerung« bezeichnet wird – womit nicht selten eine Praxis der Vergangenheitsaneignung gemeint ist, die vor der Widersprüchlichkeit der Geschichte zurückweicht und sie für die Gegenwart verfügbar zu machen versucht.

I. Bedingte Vergangenheit

Es ist die zunehmende Verfügbarmachung von Vergangenheit, welche die derzeitige Debatte um die Zukunft des Erinnerns prägt. Diese Tendenz, historisches Geschehen instrumentell zu vereinnahmen, geht aus gegenwärtigen politischen Konflikten hervor.[8] Noch vor einigen Jahren wurden ein allzu eingeschliffener »Gedenkkonsens«[9] und eine damit verbundene unkritische, ja affirmative Haltung zur Gegenwart als die zentralen Probleme bundesdeutscher Erinnerungsarbeit wahrgenommen, deren Versteinerung als »moralpädagogisches Ermahnungsprojekt«[10] dem subjektiven Erkennen und Begreifen von Geschichte keinen Raum mehr zu lassen schien. Zwar stellten damals Anfechtungen von Seiten der politischen Rechten bereits ein Problem dar, doch als Reaktion darauf wurden nicht Abwehrmaßnahmen und die Verteidigung des Bestehenden, sondern mehr zivilgesellschaftliches Engagement und die Bereitschaft zu pluraler, kontroverser Auseinandersetzung gefordert, um der Gedenklandschaft neue Impulse zu geben.[11] In kürzester Zeit erlangten dann aber diejenigen, die von außen und aus der Distanz einen kritischen Blick auf das NS-Gedenken einforderten, mediale und politische Deutungsmacht, und diejenigen, die zuvor von innen heraus das staatsnahe Gedenken als allzu bequem und konventionell kritisiert hatten, sahen sich als deren vermeintliche Siegelbewahrer und »Hohepriester« unter Anklage – wobei allerdings mediales Rauschen auf Twitter/X oder Blogs einerseits und institutionelle Realitäten in Ministerien oder etablierten Bildungseinrichtungen durchaus auseinanderklafften.[12]

Die Frontlinien dieser Auseinandersetzung sind vor allem durch die wachsende Bedeutung postkolonialen Denkens (nicht nur) in der Geschichtswissenschaft und die damit verbundene Infragestellung der Erfolgsgeschichte der bundesdeutschen Demokratie von links innerhalb weniger Jahre stark verändert und erheblich undurchsichtiger worden. Im Kern dieser Entwicklungen steht die Empörung über die Ambivalenz und Hypokrisie westlicher, ehemals imperialer Staaten in ihrem realpolitischen Handeln wie in ihrer identitätsbildenden Selbstbetrachtung. Gegenwärtig wird dafür vor allem der israelische Staat zum Symbol erhoben, der aber schon seit einigen Jahren, so beispielsweise in Achille Mbembes *Politik der Feindschaft* von 2016, eine seltsam übermächtige Rolle in der Kritik europäischer und kolonialer Gewalt einnahm.[13] Dem nationalstaatlichen Prinzip des Gedenkens westlicher Provenienz beziehungsweise einem »mnemonischen Eurozentrismus« wird in neueren Interventionen, etwa von Jie-Hyun Lim, die Einforderung »mnemonische[r] Solidarität« entgegengestellt, der die Kritik beziehungsweise Ablehnung der europäischen Moderne zugrunde liegt. »Kritische Relativierung« sowie »radikale Nebeneinanderstellung« diverser Gewalterfahrungen werden dabei als konzeptuelle Werkzeuge begriffen, welche die Holocausterinnerung durch beständigen Vergleich zu dehegemonisieren und dezentrieren beanspruchen – wobei unklar bleibt, von welchem peripheren Standpunkt »jenseits externer Determinationen« diese komparative Operation durchgeführt wird und ob es überhaupt eine epistemische Position geben kann, aus der Erfahrungen in Beziehung gesetzt werden können, ohne dass damit auch ein Macht- oder zumindest ein Deutungsanspruch verbunden ist.[14]

Damit gerät zugleich ein Wertehorizont ins Rutschen, der bisher die Legitimation des bundesrepublikanischen Gedenkens darstellte: die liberale Demokratie, die europäische Aufklärung, die Ideen von individueller Würde und Freiheit, das Prinzip universeller Menschenrechte. Jene normativen Ziellinien, auf denen die Durchsetzung der gesellschaftlichen Auseinandersetzung mit der Geschichte des Holocaust spätestens seit den 1980er Jahren begründet worden waren, wirken aus postkolonialer Perspektive wie Trugbilder oder, schlimmer, wie Instrumente einer global ausgreifenden Gedenkhegemonie. Kritisiert wird somit ein Erinnerungsregime westlicher, vor allem US-amerikanischer Provenienz, in dem das Leiden der Anderen systematisch ausgeblendet, marginalisiert und verachtet werde.[15] Der Slogan »Free Palestine from German Guilt«,[16] der im Zuge der Proteste gegen die israelische Kriegführung auch bundesdeutsche Straßen und Medien erobert hat, ist vielleicht der sichtbarste Ausdruck dieser Entwicklung. Eine sich als global verstehende Linke fordert vor diesem Hintergrund nicht mehr die Weiterentwicklung oder Erweiterung bestehender Erinnerungskulturen, sondern einen radikalen *regime change*.[17]

Dem steht als merkwürdige Volte gegenüber, dass sich die politische Rechte in der Bundesrepublik, die vor wenigen Jahren noch von der Zeit des Nationalsozialismus als »Vogelschiss« deutscher Geschichte sprach, nun zur Verteidigerin deutscher Erinnerungskultur und zur Vorkämpferin demokratischer Bildung aufschwingen kann. So nahm die AfD-Fraktion im Deutschen Bundestag den Überfall der Hamas in zynischer Weise zum Anlass, in einem parlamentarischen Antrag die gegenwärtige Rassismus- und Kolonialismusforschung zu attackieren und mehr Aufklärung über Antisemitismus zu fordern. Dass sie sich dabei gleichermaßen auf Stimmen aus der *taz* wie aus der *Welt* berufen konnte, zeigt die Komplexität der publizistischen und politischen Debatte. Die Argumentation der AfD, das »postkolonialistisch-marxistische Paradigma« zum Beleg eines seit den 1960er Jahren ungebrochenen linken Antisemitismus umzufunktionieren und damit ihre eigene menschen- und muslimfeindliche Haltung zu kaschieren, das Erbe des rechtsradikalen Judenhasses im 20. Jahrhundert hingegen zu verschweigen, ist so wenig überzeugend wie ihre Forderung, nun stattdessen der »gewinnbringenden Seiten« des Kolonialismus zu gedenken.[18] Dass es die radikalnationalistische Rechte und nicht die internationalistische Linke war, die für die Vertreibung und Vernichtung von Millionen Menschen wie auch für den Export antijüdischer Gewalt in europäische und außereuropäische Räume entscheidend verantwortlich war, bleibt ein historischer Fakt. Ebenso aber gilt, dass das auf einer Konferenz im Haus der Kulturen der Welt 2022 öffentlichkeitswirksam thematisierte *hijacking of memory* auch von links und aus postkolonialer Perspektive betrieben wird.[19]

Kurzum: Von gesellschaftlicher Affirmation des Erreichten oder staatstragendem Konsens kann gegenwärtig keine Rede mehr sein.[20] Selbst wenn die Bewältigung und Bewahrung von Vergangenheit weiterhin und regelmäßig von verschiedenen Seiten eingefordert wird, ist ihre sinnstiftende und Orientierung bietende Wirkung für einen größeren oder gar mehrheitlichen Teil der deutschen Gesellschaft wie anderer europäischer Gesellschaften längst nicht mehr selbstverständlich. Dass Ungewissheit in diesem Feld produktiv werden kann, wenn sie neue Perspektiven und Erkenntnisse ermöglicht, sollte allerdings nicht vergessen werden. So wird die Geschichte des Nationalsozialismus und insbesondere das Menschheitsverbrechen des Holocaust gerade dann ein wesentliches Thema für die Gegenwart sein und bleiben, wenn daran auch das schwer Begreifliche, das Uneindeutige und die Verflochtenheit mit anderen historischen Gewaltkomplexen thematisiert werden kann. Aus diesem historischen Moment lassen sich nicht einfach annehmbare Lehren ziehen, sondern es entsteht daraus vor allem die schwer fassbare Erkenntnis, dass die vollständige Vernichtung eines Gegenübers unter bestimmten Bedingungen Wirklichkeit werden kann.

Die Bedingungen, die den Massenmord ermöglichten, in ihrer Komplexität zu betrachten, wäre aber Voraussetzung für historisches Begreifen, ohne das auch ein historisches Erinnern an das Gesellschaftsverbrechen gar nicht möglich ist. Andernfalls wird Geschichte in einer Weise vereindeutigt und verfügbar gemacht, die den vergangenen Erfahrungen der Akteure so wenig gerecht wird wie den gegenwärtigen Herausforderungen, insbesondere in Einwanderungsgesellschaften. Die Erkenntnis, die aus der Geschichte des Holocaust zu ziehen ist, besteht daher auch nicht darin, dass »wir« (wer immer damit gemeint ist) alle jederzeit Beteiligte eines Massenmords sein könnten oder dass »jeder von uns es tun könnte«, wie Zygmunt Bauman es formuliert hat.[21] Erklärungsbedürftig und verunsichernd ist an der Geschichte des Nationalsozialismus nicht die generelle Einsicht, dass Menschen potentiell böse und gewalttätig sind. Eher wirft diese Geschichte die Frage auf, in welchen konkreten Konstellationen dieses Potential vollständig freigesetzt und zu einer total herrschenden Ordnung erklärt werden konnte, die gerade nicht alle Menschen gleichermaßen betraf und involvierte, sondern nur bestimmte Personen oder Gruppen.

Die empirischen Antworten auf diese Frage bewegen sich allerdings im beständigen Abgleich mit Gegenwartsproblemen, so wie sich das vorhandene Wissen über die Vergangenheit immer wieder verschiebt, weil es durch neue Studien anwächst, aber auch durch Vergessen oder Marginalisierung von Positionen wieder schrumpft. Ein Blick in die Geschichte der NS-Forschung zeigt daher auch, dass die medial geführten Debatten über koloniale Kontexte nationalsozialistischer Vernichtungspolitik keineswegs eine fest verschlossene Box der Pandora geöffnet haben, sondern in vielen Elementen eine Wiederentdeckung von Erklärungsversuchen sind, die in den 1960er bis 1980er Jahren in der ostdeutschen Historiografie, aber auch in Teilen der sich als kritisch verstehenden westdeutschen Geschichtswissenschaft schon einmal erprobt wurden – die wiederum beide auf frühes anti- und postkoloniales Wissen zurückgriffen (ohne dies allerdings, anders als heute, immer sichtbar zu machen).[22] So ist auch die Vorstellung, der israelische Staat könne als Ausdruck des europäischen Kolonialismus und als instrumentelle Perpetuierung europäischer Verfolgungs- und Gewalterfahrungen verstanden und auf dieser Basis angefochten werden, keine Idee der jüngsten Zeit, sondern war spätestens seit den 1930er Jahren

Gegenstand der scharfen Konflikte um eine mögliche Staatswerdung Israels, und zwar nicht zuletzt innerhalb der entstehenden israelischen Gesellschaft.[23]

Die gegenwärtigen Verwerfungen beruhen also nicht auf gänzlich neu entdeckten Tatsachen, Konstellationen und Deutungsangeboten, sondern auf der immer radikaleren Dekontextualisierung des vorhandenen Wissens in geschichtspolitischen Konfliktzonen. Ursache dafür sind reale und scharfe Kämpfe im Jetzt, in denen Geschichte nur eine mögliche Ressource neben anderen ist. Vergangenheitsfähigkeit, also die Offenheit für historische Differenz und für die mögliche Irritation durch Geschichte, wird durch Gegenwartsfähigkeit, als dauernde Angleichung des Historischen an das Heute, ersetzt. Die Bedeutung zeithistorischer Erkenntnisse für gesellschaftliche Auseinandersetzungen nimmt dabei in dem Maße ab, in dem diese Vergangenheit erinnerungskulturell verfügbar gemacht, also nur noch als performatives »Material«[24] für intellektuelle Positionierungen oder politische Narrative verstanden wird.

Die Zeitgeschichte aber sollte sich diesem Konfliktfeld aussetzen und nicht davor zurückschrecken. Zeithistorische Forschungen können im Zeitverlauf wechselnde Täter-, Opfer- und Bystander-Konstellationen ebenso zulassen und in den Blick nehmen wie den möglichen Transfer von Gewaltpraktiken oder Herrschaftstechniken aus kolonialen Kontexten in andere Räume – und zurück. Im Feld des sogenannten kollektiven Gedächtnisses besteht hingegen ein offenbar stärker werdendes Grundbedürfnis nach Identitätsstiftung, das Verengungen und Grenzziehungen mit sich bringt. So reiben sich Geschichte und das, was als »Erinnerung« verstanden wird, aneinander, und dies offenbar in zunehmendem Maße.

Die zeithistorische Forschung ist aber angelegt, Differenzen auszuhalten und Ambivalenzen einzuordnen, nicht, diese aufzulösen. Aus wissenschaftlicher Sicht ist es so wenig überraschend wie notwendig, dass Deutungen der Vergangenheit widersprüchlich ausfallen, dass etwa Dan Diner in seinem großen Werk über den »anderen Krieg« das antikoloniale Narrativ mit Blick auf die Geschichte des palästinensisch-israelischen Konflikts hinterfragt und akzentuiert, während Rashed Khalidi die

Geschichte desselben Konflikts in eine Erzählung einfasst, die postkoloniale Gewissheiten ins Blickfeld rückt.[25] Wie Per Leo vor einiger Zeit in seiner Streitschrift gegen eine eingefahrene deutsche Erinnerungskultur argumentiert hat, kann wohl nicht nur die öffentliche Debatte, sondern auch die politisch aufgeladene Praxis des Erinnerns »davon lernen«, dass »Historiker das, was nicht in Einklang zu bringen war, in dissonanten Erzählungen zusammenbrachten«.[26] Zur Diskussion stehen dann aber die empirische Plausibilität, Präzision und Überzeugungskraft der jeweiligen Analyse – zu der es wissenschaftliche Stellungnahmen und fachliche Debatten benötigt[27] –, *nicht* ihre moralische Berechtigung vor der Folie gegenwärtiger Bedürfnisse. Zudem braucht es eine Form der Distanz, die nur dann herzustellen ist, wenn man bereit ist, die eigene Involviertheit nicht zum analytischen Schlüssel zu machen – eine Distanz, die (wie Leo argumentiert) am besten durch zeitlichen beziehungsweise generationellen Abstand, aber (dafür möchte ich plädieren) noch klarer durch wissenschaftliche Methodik, prozessuales Forschen und transparente Selbstreflexion des forschenden Subjekts hergestellt werden kann.

Vielleicht sollte damit aber doch die »Dichotomie von Geschichte und Gedächtnis« wiederhergestellt werden, die Aleida Assmann vor mehr als zehn Jahren für überholt erklärte, denn die von ihr angemahnte »Relevanz« von Geschichte muss so wenig in Formen des Gedenkens aufgehoben oder durch diese bedingt sein, wie die Rolle der Geschichtswissenschaft darauf zu reduzieren ist, »Konstruktionen des Gedächtnisses kritisch zu überprüfen«.[28] Die globale Pluralisierung von Vergangenheitsbezügen auszurufen, mag in Anbetracht eines eingefahrenen Gedenkkonsenses und einer stabil etablierten Geschichtswissenschaft einen kritisch-emanzipatorischen Gehalt besessen haben, gegenwärtig scheint damit eher die zunehmende Verdrängung des Historischen zugunsten des Politischen einherzugehen. Die besonderen Herausforderungen und die Möglichkeiten der zeithistorischen Forschung liegen nicht darin, ritualisierte Praktiken diffuser »Erinnerung« (als so omnipräsente wie zunehmend unklare Pathoschiffre) zu unterfüttern, die allein in der politischen Gegenwart spielen, sondern darin, die Vergangenheit als

Raum eigenen Rechts zu verteidigen – nicht zuletzt durch das Wissen um die fundamentale Differenz zwischen Geschichte und Gedächtnis. Dies wäre dann auch mehr als eine erzwungene Reaktion auf vermeintliche Verschiebungen in einer »Migrationsgesellschaft«. Es hätte eher mit intellektueller Redlichkeit und empirischer Genauigkeit zu tun, die es zu bewahren gilt, und zwar unabhängig davon, welchen Anteil christliche, muslimische oder jüdische Menschen an der Zusammensetzung der deutschen Bevölkerung haben. Das wäre kein Zugeständnis an partikulare Perspektiven, sondern die Besinnung auf einen potentiell universellen Kern von Erkenntnis.

II. Unzeitgemäßes Erinnern

Die *Bielefelder Debatte* kreiste auch um die Frage, wie ein »zeitgemäßes Erinnern« aussehen und gestaltet werden könnte. Ausgesprochen zutreffend erscheint mir hier Natan Sznaiders Bild, in dem jede Seite für sich in Anspruch nimmt, besonders zeitgemäß zu sein – während dabei die einen in die Vergangenheit blicken, schauen die anderen in die Zukunft, beide mit dem Rücken zueinander. Walter Benjamins »Engel der Geschichte«[29] wäre dann, um in dieser Szene zu bleiben, zwischen den beiden Seiten eingeklemmt, vergeblich um einen eigenen Raum jenseits der vermeintlichen Erinnerungsarbeit ringend.

Das von unterschiedlichen Seiten artikulierte Unbehagen an derzeitigen Formen des Erinnerns ist nicht neu. Aber es ist unterdessen offenbar ganz besonders dazu angetan, die Distanz zwischen Geschichte und Gedächtnis wieder zu vergrößern. Der von Natan Sznaider formulierte Eindruck, dass es zwei Welten gebe – die emotionale Welt pietätvoller Erinnerung und die akademische Welt historischer Urteilskraft –, trügt sicher nicht. Dass Erinnerung aber angesichts solcher Drifts besser ohne eine Erforschung der Vergangenheit auskäme, wie Jan Assmann kulturtheoretisch argumentiert hat[30] und Sznaider in Bielefeld andeutete, erscheint fraglich. In einer Gegenwart, in der die polemische Behauptung »alternativer« Wirklichkeiten gesellschaftliche Normalität geworden ist, könnte die vollständige Enthistorisierung dessen, was dann als gemeinsame »Erinnerung« repräsentiert wird, dazu beitragen, auch die Tatsächlichkeit vergangener Ereignisse zu entsorgen. Von einer Verpflichtung auf die historische Wirklichkeit des Erlebten wäre dann nur noch wenig übrig. Dann bliebe nichts als eine absolute Gegenwärtigkeit des Erinnerns, die nur irgendwie historisch angepinselt werden müsste, um jeweilige Deutungsansprüche leichter durchzusetzen.

Der regelrecht fordernde Charakter solcher Ansprüche wurde zuletzt im *Rahmenkonzept Erinnerungskultur* deutlich, das im Februar 2024 von der damaligen Bundesbeauftragten für Kultur und Medien Claudia Roth vorgelegt wurde. Es ist durchdrungen von einer Tonlage des Appellativen, in der eine plurale, zugleich aber nationalstaatlich eingehegte, weil durch die Regierung finanzierte »Erinnerung« an alle möglichen Gewalterfahrungen zu einer neuen Fortschrittserzählung erhoben und zu einer alternativlosen Bedingung für den Erhalt der bundesdeutschen Demokratie erklärt wird. »Ein zeitgemäßes Erinnerungskonzept *muss* daher auch den Kampf um die Demokratie in Deutschland mit in den Blick nehmen und die Verschiedenheit individueller und kollektiver Erinnerungen als formative Elemente demokratischer Gleichheit und künftiger gemeinsamer Erinnerungen gerade in einer Einwanderungsgesellschaft wertschätzen.« Und weiter: »Eine zeitgemäße Erinnerungskultur ist eine dynamische Erinnerungskultur: Die sie tragenden Institutionen, Akteurinnen und Akteure *müssen* pluralen Perspektiven gegenüber aufgeschlossen bleiben und so im dauerhaften Dialog mit der Zivilgesellschaft ihre stete Fortentwicklung verfolgen.«[31]

Weitere solcher Wortstanzen – progressiv gemeint, aber zugleich staatstragend aufgeladen – sind vielfach zu finden. Ist aber ein so verstandenes »zeitgemäßes Erinnern« wirklich Garant oder Ausdruck demokratischer Teilhabe? Wo wären die Grenzen der Verschiedenheit, wessen Erinnerungen wären noch wertschätzbar und welche Erfahrungen (die der Täter?)[32] müssten vergessen werden, um diese dialogische Demokratie nicht zu gefährden? Was überhaupt macht welche Erinnerungen legitim? Ist für das vermeintliche Erinnern eine historisch gemachte Erfahrung noch notwendig? Wer entschiede darüber, wenn Erinnerungen allein der Selbstlegitimation, der Ausgrenzung, der

Vorbereitung neuer Konflikte dienten? Oder ist dieses Gedenken an vergangene Gewalt dann tatsächlich nicht mehr als »epistemische Politik«,[33] hier: ein Instrument demokratischer Identitätsstiftung? Es wäre hilfreicher, die sich ändernden epochalen Kontexte der Vergangenheit – etwa das »imperiale Zeitalter« oder das »Zeitalter der Extreme« – als Erfahrungsräume eigener Art zu betrachten und aus den am Damals erkennbaren Kausalitäten »unzeitgemäße« Erkenntnisse für die Gegenwart zu gewinnen. Dies würde bedeuten, Geschichte auch dort zur Kenntnis zu nehmen, wo sie sich nicht für gegenwärtige Praktiken symbolischer Wertschätzung, sondern eher für die Herausforderung und womöglich auch Verstörung zeitgenössischer Vorstellungen eignet.

Diese Vergangenheit ist selbstverständlich nicht einfach da, sondern sie wird entdeckt, erzählt und erinnert aus den Blickwinkeln einer von vielen erlebten Gegenwart. Dies gilt auch für die Verbindungen, die zwischen unterschiedlichen historischen Erfahrungen und Ereignissen hergestellt werden. Hierin liegt die große Herausforderung und durchaus auch die Sprengkraft der jüngeren Debatten um eine »multidirektionale Erinnerung«.[34] Ist es dann aber möglich, Erfahrungen nicht nur zu parallelisieren und zu vergleichen, sondern so in Relation zu bringen, dass daraus eine solidarische und empathische Gemeinschaft des Gedenkens entsteht? Und geht daraus etwas hervor, das sich angemessen als eine zeitgemäße, überindividuelle, nur lose an Primärerfahrungen gebundene Form der »Erinnerung« bezeichnen lässt? Dies ist die Hoffnung, die in Teilen der von postkolonialem Denken inspirierten Wissenschaften, vor allem im Feld der Memory Studies, und einer darauf bezogenen Öffentlichkeit artikuliert wird. Zugleich werden aber gerade in diesen Kontexten auch beständig »Erinnerungskämpfe« behauptet, beschrieben, befeuert und ausgefochten.[35]

Die Zukunft des Gedenkens an die nationalsozialistischen Massenverbrechen, um die es in Bielefeld ging, wird gegenwärtig von dieser Spannung zwischen eingeforderter Solidarisierung und de facto herbeigeführter Polarisierung geprägt. Anders als es erscheinen mag, ist diese Spannung aber nicht neu, sondern war stets Bestandteil von Geschichtspolitik. Dies zeigt ein Blick auf die Geschichte dieses Feldes, und es macht sich in verschiedenen Interventionen in den *Bielefelder Debatten*, vor allem im Dialog zwischen Ulrike Jureit und Bill Niven bemerkbar. Formen des Erinnerns sind stets eine Praxis gesellschaftlicher Selbstverständigung, jedenfalls in demokratischen Kontexten, in denen das Denk- und Sagbare nicht als »okkupiertes Gedächtnis«[36] autoritär vorgegeben ist. Was gegenüber den jüngeren Zeiten konsensualen Gedenkens gegenwärtig neu zu sein scheint, ist die Annahme, dass unter der Ägide der Pluralisierung und Globalisierung von Gesellschaften Erinnerung in den Dienst einer »multikulturellen Identität«[37] gestellt werden könne, die ebenfalls nationale Sinnstiftung ermöglichen, dabei aber zugleich auf eine Vielzahl von Erfahrungen, Biografien und Hintergründen bezogen sein soll. Es sind aber sowohl die dahinterstehende Theoriebildung von »Erinnerung« und »Identität« als auch deren pluralistische Überdehnung von der Zeitgeschichte kritisch zu hinterfragen. Ulrike Jureit hat darauf hingewiesen.

Unter dem Schlagwort der »Erinnerung« wird der Wunsch erkennbar, alle sozial vorhandenen Erfahrungen gleichermaßen und nach gleichem Recht zu integrieren, dies allerdings weniger auf der Basis eines geteilten historischen Bewusstseins als auf der Ebene emotionaler und sinnlicher Vergemeinschaftung. Neben die eingeübten Rituale offiziellen Gedenkens ist zudem eine Vielfalt an vor- oder sogar antiwissenschaftlichen »Formen des Eingedenkens« (Walter Benjamin),[38] also Praktiken der historisierenden Selbstvergewisserung und der Identifikation mit einer bestimmten Verfolgungserfahrung, getreten. Diese mögen in einer Gesellschaft, die sich als divers versteht, zwar zeitgemäß erscheinen, erzeugen aber offensichtlich keine Solidarisierungen, sondern starke Reibungen untereinander.

Der Ort geschichtspolitischer Macht ist dabei uneindeutiger geworden. Bei allen Problemen, die der ebenfalls boomende rechte Geschichtsrevisionismus aufwirft, sind angesichts dessen vor allem eine innerlinke Selbstbefragung und eine wissenschaftlich fundierte Auseinandersetzung um die liberale Gedächtnisordnung der Bundesrepublik notwendig. In deren Zentrum stand bisher die »Holocausterinnerung«, weil sie als geschichtspolitische Bewältigung der nationalsozialistischen

Diktatur die Erfolgsgeschichte der westlichen Demokratie nach 1945 zu unterfüttern schien. Entscheidend war dafür die Vorstellung, Geschichte sei durch Brüche gekennzeichnet. Der Begriff des »Zivilisationsbruchs« (Dan Diner) stellte einen Ausdruck dieser geschichtstheoretischen Perspektive dar, der die Andersartigkeit des Davor betonte. Eine andere Variante war und ist das Schlagwort des »Nie wieder!«, das die Gegenwart und damit das Danach als different voraussetzte.

Die gegenwärtigen, vor allem die postkolonialen Erwartungen an die identitätspolitische Wirkmacht von »Erinnerung« gehen hingegen von einem Geschichtsbild aus, das eher von der Permanenz des Früheren geprägt ist. Gegenwart und Vergangenheit werden in einer fortlaufenden Relation gedacht. Dafür stehen exemplarisch die Vorstellung eines »kolonialen Kontinuums« (Jürgen Zimmerer) oder das genealogische Denken in der Tradition Michel Foucaults und Giorgio Agambens, welche »das Lager«, »die Biopolitik«, die »permanente Sicherheit« oder »den Ausnahmezustand« zu Paradigmen der (kapitalistischen) Moderne erklärt haben, die durch alle Gewaltkomplexe der Weltgeschichte zu führen scheinen. In dieser Perspektive ist der Nationalsozialismus eine Variante. Der Ursprung der Geschichte, an die »erinnert« werden soll, liegt hingegen nicht in den Gewalterfahrungen des 20. Jahrhunderts, sondern im vorherigen Aufstieg der liberalen europäischen Staaten und in deren imperialen Räumen.[39] Dabei ist auch eine gewisse Wiederkehr geschichtsphilosophischer Narrative der Zwischenkriegszeit zu beobachten, eine links-schmittianische Kritik am Liberalismus der westlichen Moderne. Diese setzt eine klare Täter-Opfer-Dichotomie voraus, schärfer gesprochen: ein radikalisiertes Freund-Feind-Denken.

Wie schon der Erfahrungs- und Deutungsrahmen des Kalten Krieges dazu beitrug, den Holocaust als Fluchtpunkt nationalsozialistischer Gewalt bis in die 1980er Jahre weitgehend aus dem Blickfeld zu halten,[40] so können (und wollen) manche der postkolonialen Positionen die Eigenart des Holocaust konzeptionell nicht erfassen und daher auch nicht narrativ repräsentieren. Die Deutschen bleiben gleichwohl weiterhin ein Tätervolk, während Menschen mit anderen Hautfarben und Herkünften eher über ihren Opferstatus beschrieben werden. Diese Differenzierung wird durch die These einer »umfassendere[n] völkische[n] Konstruktion des Deutschseins«[41] begründet, die sich bereits im Kolonialismus konstituiert habe und bis heute, trotz aller Erinnerungsbemühungen, ungebrochen fortwirke, sogar in Wissenschaft und Politik wieder Aufwind erfahre. Der Erfolgsgeschichte mit ihrer These der Bewältigung und des möglichen Bruchs mit dem Gewesenen wird damit eine bis heute unbewältigte Geschichte (an-)dauernder Grausamkeit entgegengehalten.

Die jüngsten Wahlerfolge der AfD vor allem, aber nicht nur in den ostdeutschen Bundesländern wie auch die internationale Konjunktur einer Neuen Rechten sind ein Beleg für diese Annahme. Zugleich scheint die laute Kritik an der Rekonstruktion des Berliner Schlosses oder an den Blindstellen des Humboldt-Forums aber dafür zu sprechen, dass die deutsche Selbstkonstruktion unterdessen komplexer verläuft und dass es sinnvoll wäre, diese Vielschichtigkeit und ihre Geschichte(n) zukünftig genauer zu betrachten. Den inneren Konfliktzonen und den kulturellen Differenzen in der gegenwärtigen »deutschen« Bevölkerung inklusive ihrer vielfältigen migrantischen Teile und deren diversen Positionen wird eine solchermaßen enggeführte Lesart sonst kaum gerecht. Nicht selten drängt sich in den mnemonischen Solidarisierungskämpfen der Eindruck auf, dass die widersprüchlichen Gewalterfahrungen der zugewanderten oder als zugewandert gelesenen Menschen, die im bundesdeutschen Erinnerungsraum multikulturell repräsentiert werden sollen, gar nicht gesehen, nicht erforscht und somit auch in ihrer biografischen Ambivalenz nicht ernst genommen werden.

Eher ist »der Kolonialismus« offenbar ähnlich wie »der Totalitarismus« in den Debatten der frühen Nachkriegsjahrzehnte oder »der Faschismus« in den langen 1960er Jahren ein metaphorisches Material der Selbstverständigung eines Teils »der Deutschen«, die nun für Andere in einen demokratischen Kampf um Erinnerung ziehen: »Ein Deutschland als Einwanderungsland, ein Deutschland als Migrationsgesellschaft, ein Deutschland als offene Gesellschaft, die die Voraussetzung einer liberalen Demokratie ist, muss all diese [sic] Geschichte(n) und Erinnerungen Raum geben, ja, es muss diese Erinnerungskämpfe führen, im

Geiste liberaler Verständigung über eine gemeinsame Zukunft.« Ein plurales Feld von »Leidensgeschichte[n] aller Bürger:innen« soll dabei gesellschaftlich gewürdigt werden, worin der Holocaust neben der Geschichte der sogenannten Gastarbeiter, die Debatte um »Ostidentitäten« neben den rassistischen Erfahrungen Schwarzer Deutscher und, läse man dies von rechts, neben dem Schicksal der Vertriebenen stehen würde – allesamt im Dienst der Aushandlung »deutsche[r] Identität«.[42]

Als zeitgemäß erscheint so, was sinnstiftend für ein imaginäres deutsches Kollektiv wirkt, also für ein erinnerungskulturell beständig adressiertes »Wir«, dessen sozialer Ort aber nicht thematisiert wird. Diese Praxis mnemonischer Vergemeinschaftung ist an sich schon ein schwieriges Vorhaben, kann aber letztlich nur dann funktionieren, wenn die Teilhabe aller nicht nur an der gleichen Gegenwart, sondern auch an der gleichen Geschichte behauptet wird. Dafür aber kann die Geschichte des Holocaust, dessen verbrecherischer Kern die Herausnahme einer ganz bestimmten Gruppe – der Jüdinnen und Juden – aus dem Geltungsbereich der Menschlichkeit darstellte, nicht das zentrale Ereignis darstellen. So wird die Zentralität der nationalsozialistischen Vernichtungspolitik in der deutschen Geschichte vielleicht auch deshalb zunehmend infrage gestellt oder wie im *Rahmenkonzept Erinnerungskultur* durch ein Ensemble weiterer Gewalterfahrungen eingehegt, weil sie nicht in die leitende Vorstellung von Erinnerung als »Teilhabe aller« passt. Die Vergangenheit, an die gedacht werden soll, dient damit aber der Herstellung gegenwärtiger Gewissheiten, die in kritischen Zeiten nur vermeintlich zeitgemäß sind. Vermieden wird so die Konfrontation mit den viel zeitgemäßeren Ungewissheiten, welche die Geschichte von Diktatur und Krieg im 20. Jahrhundert der Gegenwart aufzeigt.[43]

III. Gebrochene Geschichte(n)

Für die Zeitgeschichte ist es wohl ratsam, den schwierigen und zutiefst ambivalenten Begriff der »Identität« aufzugeben oder kritischer zu befragen. Das gilt auch für die Vorstellung, Geschichte sei narratives Material, das der Gegenwart im Medium der »Erinnerung« jederzeit zugänglich und allgemein verständlich sei.[44] Hilfreich wäre überdies, den Begriff des Zeitgemäßen zu überdenken und somit auch die damit verbundene Logik temporaler Anpassung, in der die Auseinandersetzung mit der Vergangenheit unter gegenwärtigen Zielen zu erfolgen hat, ob nun im Dienste der Förderung der Demokratie oder der Bekämpfung des Antisemitismus. Es braucht eine andere »Wende in unserem Zeitbewusstsein« als die von Aleida Assmann im postmodernen Historizitätsregime ausgerufene. Darin wäre die Vergangenheit wieder eine »Sphäre des Nicht-Mehr«, eine wenigstens in Teilen unverfügbare Zeitschicht, die durch ihre Eigenart der narrativen Formung gewisse Widerstände entgegensetzte und nicht im »Geltungs- und Handlungsraum der Gegenwart« angesiedelt sein müsste, um eine Bedeutung zu haben.[45]

Aus einer solchen Demut vor der Distanz zwischen dem Früheren und dem Heutigen entstünde die Möglichkeit, nicht allein aus historischen Kontinuitäten und dem permanenten Hineinragen der Vergangenheit in die Gegenwart, sondern stärker aus Diskontinuitäten in der Geschichte Schlüsse zu ziehen. Empirisch ließe sich dies etwa an den zeitlichen und kategorialen Umbrüchen zeigen, die zwischen Demokratie und Diktatur oder Krieg und Frieden liegen, an den Unterschieden zwischen liberaler und autoritärer Biopolitik oder an den Grenzlinien, die zwischen rechtsförmigen und gewaltförmigen Ausnahmeregimen existieren. Für die Gegenwart, so könnte man argumentieren, wäre historisches Wissen über Momente, in denen menschliche Ordnungen in die totale Entmenschlichung kippen, aber auch auf Widerstand dagegen stießen, besonders wichtig – und aufschlussreicher als die Annahme, der Mensch sei jederzeit und immer zu Gewalt fähig.[46]

Die Tendenzen, die Geschichte von Massengewalt als allgemeine Geschichte einer imperialen Moderne zu erzählen, in der »die Grenzen zwischen Diktatur und Demokratie« durchlässig werden, erscheinen jedenfalls fragwürdig. Kann die These überzeugen, dass die totalitäre Massendiktatur eine »Form von Demokratie im Ausnahmezustand« darstellt, ja die »Massendemokratie nicht demokratischer ist als die Massendiktatur«?[47] Die damit verbundenen, semantisch wie historisch unscharfen Vermischungen sind, nicht nur für den deutschen Fall, vielleicht daraus zu erklären, dass das Selbstverständnis als postdiktatorische Nation dem einer Migrations- beziehungsweise Einwanderungsgesellschaft Platz gemacht hat, in der nationale Bezüge ins Schwingen geraten sind. Um früher erfahrene Gewalt oder generell Geschichte in dieser Gesellschaft sichtbar, erklärbar und erinnerbar zu machen, erscheint ein dekontextualisierender und globaler Blick, der nomadisch den unterschiedlichen Spuren des Erlebten folgt und die Grenzziehungen zwischen vergangenen Wirklichkeiten transnational überschreitet, zunächst durchaus sinnvoll, ja unerlässlich. Dies gilt gerade dort, wo vergangenes Geschehen gegenwärtiges Geschehen unmittelbar beeinflusst, Konflikte begründet oder Unrecht legitimiert. Hier kann es helfen, sich zur Öffnung von Kommunikationsräumen den Mantel des »allein Menschlichen« umzulegen und auf Differenzierungen zu verzichten.[48]

Um aber einen ernsthaften Dialog und perspektivisch auch wieder einen gewissen Konsens über die Bedeutung vergangener Erfahrungen herzustellen, der nicht alle historischen Zusammenhänge auflöst und damit kritisches Geschichtsbewusstsein letztlich unmöglich macht, ist eine Rekontextualisierung nötig. So kritisch man ihn sehen mag, erscheint der Container nationaler Erfahrungs- und Erinnerungsräume dafür weiterhin schwer verzichtbar, ist dies doch weiterhin der Zusammenhang, in dem politische Entscheidungen in entsprechenden Verfahren gefällt und umgesetzt werden. Ob hingegen ein »transnationales Gewissen«[49] nicht nur narrativ etablierbar ist, sondern ohne institutionelle Repräsentation auch handlungsleitend wirken kann, wäre noch genauer zu diskutieren, sicherlich gerade auf europäischer Ebene.

Der Gedanke, dass Geschichte, wie die Gegenwart, kein abstraktes Kontinuum ist, sondern ein konkreter Handlungsraum, in dem Entscheidungen getroffen und Unterschiede *gemacht* (nicht nur nachträglich erzählt oder repräsentiert) wurden – Unterschiede zwischen Opfern und Tätern, aber auch zwischen Herrschaftssystemen –, wäre auch ein politischer. Er machte erkennbar, dass nicht alle Menschen, sondern bestimmte Menschen Rassisten oder Antisemitinnen waren, anderen Menschen Gewalt antaten und sich dazu entschieden, ihre Macht zu verwenden, um Lager zu errichten und Leben zu vernichten. Die Macht, solche Entscheidungen zu treffen und in Taten umzusetzen, war und ist in autoritären oder diktatorischen Regimen unendlich größer als in liberalen oder demokratischen, denn nur dort unterliegt sie keiner Kontrolle mehr. Die Schaffung von Räumen, die der Diskussion oder der Rechtsprechung entzogen wurden, lässt sich in kolonialen Kontexten ebenso beobachten wie unter der nationalsozialistischen Herrschaft. Allerdings meinte sie hier und dort jeweils etwas sehr Eigenes, und sie bedeutete in Syrien oder Norwegen etwas anderes als in Algerien oder Polen. Diese Erfahrungen endeten für einen größeren Teil der Welt nicht mit dem Sieg über den Nationalsozialismus im Jahr 1945, sondern führten vor allem im sogenannten Globalen Süden darüber hinaus und brachten immer neue Gewaltkomplexe mit sich – allerdings mit ganz eigenen Brüchen zwischen kolonialen und postkolonialen Staaten, mit eigenen demokratischen und diktatorischen Experimenten. In diesen Kontexten agierten jeweils nicht abstrakte Großkollektive, die Gewalt entweder erfuhren oder ausübten und bis heute unverändert fortbestehen, sondern »identifizierbare Gruppen und Akteure, die in konkreten Situationen gehandelt und gelitten haben; und allzu oft waren die Opfer von gestern die Täter von morgen«.[50]

Lernen kann man aus Teilen der postkolonialen Theoriebildung dabei, dass (auch) koloniale Herrschaftssysteme keine eindeutigen Zuordnungen oder identitäre Gewissheiten hervorbrachten, sondern eine Vielzahl von Machtbeziehungen und höchst brüchigen Sozialformationen, deren Verhältnisse nicht gänzlich in rassistischen Herkunfts- und Ursprungslogiken aufgingen.[51] In dieser Anerkennung nicht bloß allgemeiner Komplexität, sondern konkreter Historizität dessen, was »erinnert« oder besser: bewusst vergegenwärtigt werden kann oder sollte, liegt allerdings politische Sprengkraft – jedenfalls solange die binäre Zuweisung von Menschen zu einem abstrakten Opfer- oder Täterkollektiv eine Definitions- und Handlungsmacht in der Verteilung von (Erinnerungs-)Ressourcen darstellt. Das Wissen über die Fallstricke solcher Vereindeutigungen ist in der deutschen Gesellschaft mit ihrer doppelten Diktaturerfahrung eigentlich besonders hoch. Es wird zudem beständig angereichert und erweitert durch migrantische Erfahrungen. Es braucht daher dringend vergleichende Perspektiven und wird eher behindert als befördert durch einen hochabstrakt geführten Streit um die sogenannte Singularitätsthese – darauf haben auch die Beteiligten der *Bielefelder Debatte* hingewiesen, die mehrheitlich, mit Ausnahme Mansours, die Frage der Einzigartigkeit der Shoah eher gelassen als Nebengleis betrachteten. Gerade diese migrantischen Erfahrungen sind von einer Vielzahl konkreter Täter-Opfer-Konstellationen und diversen demokratischen wie diktatorischen Herrschaftsformen geprägt. Bevor sie intersubjektiv erinnert und gesellschaftlich »integriert« werden können, müssten sie zeithistorisch genauer beschrieben, analysiert und eingeordnet werden, wenn sie nicht völlig geschichtslos werden sollen.

Nur dann lässt sich auch den scharfen Erinnerungskämpfen, die nicht erst seit dem 7. Oktober 2023 in Gewalt gegen Menschen, in antisemitische Codes und in geopolitische Konflikte münden, die historisierende Legitimation entziehen. Der Kampf um Erinnerungsregime, auch der Kampf um das Gedenken an NS-Verbrechen, ist kein Wert an sich, kein Selbstzweck. Das zu Erringende liegt in einem Wissen um historische Brüche, ein Wissen, das widerspenstig und unerwünscht sein und darum nicht ohne Weiteres für heutige Ziele verfügbar gemacht werden kann – auch nicht für eine staatlich erhoffte demokratische Teilhabe. Weder reine Vergangenheits- noch simple Gegenwartsfähigkeit, sondern Wissens- oder Wissenschaftsfähigkeit ist der Anspruch, der sich daraus an die Zeitgeschichte und ein zeithistorisch fundiertes Gedenken richtet. Nur dann aber, wenn dieses Wissen nicht nur vorliegt, sondern auch in seiner politischen Unverfügbarkeit ernst genommen und vor Inanspruchnahmen verteidigt wird, ist ein Blick auf die Vergangenheit möglich, der sich der Verstörung durch plurale Gewalterfahrungen wirklich aussetzt.

Anmerkungen

1 A. Dirk Moses, Der Katechismus der Deutschen, in: Geschichte der Gegenwart, 23. Mai 2021, https://geschichtedergegenwart.ch/der-katechismus-der-deutschen/ [06.10.2024]; ders., »Die deutsche Debatte ist von Obsessionen geprägt«: Erinnerungsräumliche Betrachtungen zum Katechismus der Deutschen, in: Jürgen Zimmerer (Hrsg.), Erinnerungskämpfe. Neues deutsches Geschichtsbewusstsein, Stuttgart, 2023, S. 264–290; als Überblicke auch Susan Neiman/Michael Wildt (Hrsg.), Historiker streiten: Gewalt und Holocaust – die Debatte Berlin 2022; Matthias Böckmann/Matthias Gockel/Reinhart Kößler/Henning Melber (Hrsg.), Jenseits von Mbembe. Geschichte, Erinnerung, Solidarität, Berlin, 2022. Ich danke Axel Doßmann herzlich für den Austausch über diesen Text und zahlreiche Anregungen.

2 Vgl. etwa die diversen Autorinnen und Autoren, die sich am Blog New Fascism Syllabus beteiligten, online: https://newfascismsyllabus.com/category/opinions/the-catechism-debate/ [28.09.2024]; zur Debatte um »aktivistische« Wissenschaft auch das aktuelle Heft von: Geschichte und Gesellschaft, 50 (2025), 1/2.

3 Vgl. sein Gespräch mit Teresa Koloma Beck und Amir Theilhaber, abgedruckt in: Christina Morina (Hrsg.), Antisemitismus und Rassismus. Konjunkturen und Kontroversen seit 1945, Göttingen, 2024, S. 77–113, hier S. 87.

4 Das Manifest ist unterdessen nur noch in einer Version in einfacher Sprache im Internet zugänglich (https://www.dialogueperspectives.org/wp-content/uploads/2023/02/MANIfest_ES_V01.pdf [28.09.2024]. Die Zitate stammen zum Teil aus einer im September 2022 veröffentlichten früheren Fassung, die unterdessen nicht mehr abrufbar ist.

5 Vgl. Mansour in diesem Band, S. 97.

6 Vgl. etwa Omer Bartov et al., An Open Letter on the Misuse of Holocaust Memory, in: New York Review of Books, 20.11.2023; Columbia Faculty Letter, Grave Concerns about the Well-Being of our Students, 30.10.2023, online: https://docs.google.com/document/u/1/d/e/2PACX-1vSxEIfoj1H6v3R4549yxfetSBy1ioc6VHyJa3vKfvgyVFX9TAluk_1laTuSBKAyzqjF3hJT9EVwoP7a/pub; Adam Tooze/Samuel Moyn/Amia Srinivasan, The Principle of Human Dignity Must Apply to all People, in: The Guardian, 22.11.2023, online: https://www.theguardian.com/world/2023/nov/22/the-principle-of-human-dignity-must-apply-to-all-people; Statement von Lehrenden an Berliner Universitäten, 12.05.2024, online: https://docs.google.com/forms/d/e/1FAIpQLSfVy2D5Xy_DMiaMx2TsE7YediR6qifxoLDP1zIjKzEl9t1LWw/viewform; Positionierung des VHD gegen die persönliche Diffamierung von Wissenschaftler:innen und für Hochschulen als freie Diskursräume, 17.05.2024, online: https://www.historikerverband.de/wp-content/uploads/2024/05/240516_VHD_Stellungnahme_mediale-Diffamierung_final.pdf; Nicole Deitelhoff/Rainer Forst/Klaus Günther/Jürgen Haber-

mas, Grundsätze der Solidarität. Eine Stellungnahme, 13.11.2023, online: https://www.normativeorders.net/2023/grundsatze-der-solidaritat/; Wissenschaft fordert »Nie Wieder«, 09.11.2023, online: https://www.athene-center.de/fileadmin/Downloads/Offener_Brief_Wissenschaft_gegen_Antisemitismus.pdf [06.10.2024]; Statement against the Boycott of Israeli Academics, 14.05.2024, online: https://docs.google.com/forms/d/e/1FAIpQLSc8NcgnDj_3z50ykNNenGMCRTqWkw4naiCNaYxtWgwC_PPXHQ/viewform [06.10.2024].

7 Vgl. https://www.nybooks.com/online/2023/11/20/an-open-letter-on-the-misuse-of-holocaust-memory/ [28.09.2024]; https://www.nybooks.com/articles/2025/04/24/infinite-license-the-world-after-gaza/ [19.06.2025].

8 Auch dies hat natürlich eine Vorgeschichte und ist Effekt globaler Verschiebungen und Verflechtungen; hierzu bereits Michael Jeismann, Auf Wiedersehen Gestern. Die deutsche Vergangenheit und die Politik von morgen, Stuttgart/München, 2001; Daniel Levy/Natan Sznaider, Erinnerung im globalen Zeitalter. Der Holocaust, Frankfurt am Main, 2001.

9 So etwa Martin Sabrow, Die Lust an der Vergangenheit. Kommentar zu Aleida Assmann, in: Zeithistorische Forschungen/Studies in Contemporary History, Online-Ausgabe, 4 (2007), 3, online: https://zeithistorische-forschungen.de/3-2007/4667 [20.09.2024].

10 Volkhard Knigge, Jenseits der Erinnerung – Verbrechensgeschichte begreifen. Impulse für die kritische Auseinandersetzung mit dem Nationalsozialismus nach der Zeitgenossenschaft, in: ders. (Hrsg.), Statt einer Einleitung: Jenseits der Erinnerung – Verbrechensgeschichte begreifen. Impulse für eine kritische Auseinandersetzung mit dem Nationalsozialismus nach dem Ende der Zeitgenossenschaft, Göttingen, 2022, S. 9–34, hier S. 29; ders., Abschied von der Erinnerung. Zum notwendigen Wandel der Arbeit der KZ-Gedenkstätten in Deutschland, in: Kulturpolitische Mitteilungen 128 (2010), S. 136–143, hier S. 137 f.; neu veröffentlicht in: ders., Geschichte als Verunsicherung. Konzeptionen für ein historisches Begreifen des 20. Jahrhunderts, hrsg. v. Axel Doßmann, Göttingen, 2020, S. 223–240; ders., Statt eines Nachworts: Abschied der Erinnerung. Anmerkungen zum notwendigen Wandel der Gedenkkultur in Deutschland, in: ders./Norbert Frei (Hrsg.), Verbrechen erinnern. Die Auseinandersetzung mit Holocaust und Völkermord, München, 2002, S. 423–440.

11 Norbert Frei, Infrastruktur und Engagement. Nationale Identität und Erinnerungspolitik in Deutschland nach 1989/90, in: Knigge, Jenseits der Erinnerung, S. 158–164, hier S. 163.

12 Moses, Katechismus; kritisch dazu Stephan Grigat et al. (Hrsg.), Erinnern als höchste Form des Vergessens? (Um-)Deutungen des Holocaust und der »Historikerstreit 2.0«, Berlin, 2023.

13 Achille Mbembe, Politik der Feindschaft, Berlin [2]2020 [frz. Orig.: Politiques de l'ininmitié, 2016].

14 Jie-Hyun Lim, Opfernationalismus. Erinnerung und Herrschaft in der postkolonialen Welt, Berlin, 2024, hier S. 7, 15, 58.

15 Charlotte Wiedemann, Den Schmerz der Anderen begreifen. Holocaust und Weltgedächtnis, Berlin, 2022.

16 Als ein Beispiel von vielen: Daniel Finn, Free Palestine from German Racism Dressed Up as Guilt, online: https://jacobin.com/2024/08/germany-uk-speech-gaza-genocide [23.12.2024].

17 So Lim, Opfernationalismus, S. 16.

18 Antrag der Abgeordneten Dr. Marc Jongen et al. Antisemitismus an der Wurzel bekämpfen, 02.07.2024, Drucksache 20/12091, Deutscher Bundestag, 20. Wahlperiode, S. 6; Antrag der Abgeordneten Dr. Marc Jongen et al., Die deutsche Kolonialzeit kulturpolitisch differenziert aufarbeiten, 11.12.2019, Drucksache 19/15784, Deutscher Bundestag, 19. Wahlperiode, S. 2. Vgl. auch den Beschluss des Bundestags über den Antrag der SPD, CDU/CSU, Bündnis 90/Die Grünen und FDP »Nie wieder ist jetzt – Jüdisches Leben in Deutschland schützen, bewahren und stärken«, 05.11.2024, Drucksache 20/13627, dem die AfD zugestimmt hat.

19 Hijacking Memory. Der Holocaust und die Neue Rechte, 9.–12.06.2022, Haus der Kulturen der Welt, online: https://archiv.hkw.de/de/programm/projekte/2022/hijacking_memory/start.php. Zur nachfolgenden Debatte informativ Hanno Hauenstein: Hijacking Memory: Wie eine Konferenz Engpässe deutscher Debatten aufzeigt, in: Berliner Zeitung, 13.07.2022, online: https://www.berliner-zeitung.de/kultur-vergnuegen/hijacking-memory-wie-eine-konferenz-die-engpaesse-deutscher-debatten-aufzeigt-li.245534 [10.01.2025].

20 Vgl. auch die selbstreflexiven Fußnoten im Beitrag von Cornelia Siebeck, Nach der »Erfolgsgeschichte«. Die Gedenkstättenarbeit zu den NS-Verbrechen muss ihre Zukunft zurückgewinnen, in: Knigge, Jenseits der Erinnerung, S. 120–136, hier S. 120, 122, die von der zunehmenden Infragestellung der vermeintlichen Erfolgsgeschichte des Erinnerns und der Anfechtung der bestehenden Gedenkstättenlandschaft innerhalb weniger Jahre berichten.

21 Zygmunt Bauman, Dialektik der Ordnung. Die Moderne und der Holocaust, Hamburg, 2002, S. 166.

22 Christiane Bürger, Deutsche Kolonialgeschichte(n). Der Genozid in Namibia und die Geschichtsschreibung der DDR und BRD, Bielefeld, 2017.

23 Dan Diner, Israel in Palästina. Über Tausch und Gewalt im Vorderen Orient, Königstein/Ts., 1980; Tom Segev, One Palestine, complete: Jews and Arabs under the British mandate, London, 2000; ders., The Seventh Million. The Israelis and the Holocaust, New York, 1993; Benny Morris, The Birth of the Palestinian Refugee Problem 1947–1949, Cambridge, 1987.

24 Michael Rothberg, Multidirektionale Erinnerung. Holocaustgedenken im Zeitalter der Dekolonisierung, Berlin, 2021, S. 30; zur »Performativität des Holocaust-Diskurses« auch Lim, Opfernationalismus, S. 63.

25 Dan Diner, Ein anderer Krieg. Das jüdische Palästina und der Zweite Weltkrieg 1935–1942, München, [3]2021; Rashed Khalidi, Der hundertjäh-

rige Krieg um Palästina. Eine Geschichte von Siedlerkolonialismus und Widerstand, Zürich, 2020.

26 Per Leo, Tränen ohne Trauer. Nach der Erinnerungskultur, Stuttgart, 2021, S. 233.

27 Vgl. hierzu die unterschiedlich akzentuierten Besprechungen von Diners Buch durch Stefan Vogt, in: Einsicht. Bulletin des Fritz Bauer Instituts, 14 (2022), 23, S. 120; Reinhart Kößler, in: Peripherie 42 (2022), 167/168, S. 453–455 sowie die scharfe Kritik des Buches von Khalidi durch Benny Morris, The War on History, in: Jewish Review of Books, Spring 2020, online: https://jewishreviewofbooks.com/articles/7210/the-war-on-history/# [26.12.2024].

28 Aleida Assmann, Das neue Unbehagen an der Erinnerungskultur. Eine Intervention, München, 2013, S. 24.

29 Walter Benjamin, Über den Begriff der Geschichte, in: ders., Gesammelte Schriften, Band I, hrsg. v. Rolf Tiedemann u. Hermann Schweppenhäuser, Frankfurt am Main, 1991, S. 693–704, hier S. 697 ff.

30 Vgl. Jan Assmann, Das kulturelle Gedächtnis. Schrift, Erinnerung und politische Identität in frühen Hochkulturen, München [2]1997, S. 77. Hierzu Sabine Moller, Erinnerung und Gedächtnis, Version: 1.0, in: Docupedia-Zeitgeschichte, 12.04.2010, online: http://docupedia.de/zg/moller_erinnerung_gedaechtnis_v1_de_2010.

31 Entwurf Rahmenkonzept Erinnerungskultur, 01.02.2024, S. 2, 11 (Herv. S. M.). Ähnlich auch der Band von Zimmerer, Erinnerungskämpfe, in dem alle möglichen Vergangenheiten als zu Unrecht »vergessen« eingeführt werden und mehr Erinnerung dafür eingefordert wird. Online abrufbar unter: http://h-und-g.info/fileadmin/projekte/HuG/Kontroversen/20240201_Rahmenkonzept_Erinnerung.pdf.

32 Dafür plädiert wenig überzeugend Wulf Kansteiner, Censorship and Memory: Thinking Outside the Box with Facebook, Goebbels, and Xi Jinping, in: Journal of Perpetrator Research 4 (2021), 1, S. 35–58.

33 Lim, Opfernationalismus, S. 16.

34 Rothberg, Erinnerung.

35 Zimmerer, Erinnerungskämpfe.

36 Begriff nach Sabine R. Arnold, Stalingrad im sowjetischen Gedächtnis. Kriegserinnerung und Geschichtsbild im totalitären Staat, Bochum, 1998.

37 Kritisch gemeint bei Niklaas Machunsky, Die antizionistische Aufhebung der Vergangenheitsbewältigung. Aleida Assmann und der linke Revisionismus, in: Grigat et al., Erinnern, S. 375–407, hier S. 382.

38 Dazu Assmann, Unbehagen, S. 23.

39 Hierzu etwa das folgende Zitat: »We can, therefore, trace what Agamben views as ›the political space of modernity‹ not to Nazi concentration camps but to biopolitical ›welfare‹ measures in the colonies that transformed centers of famine relief into extermination camps in which millions of men, women, and children were abandoned, or let die.« Vgl. Deana

Heath, Colonial Terror. Torture and State Violence in Colonial India, Oxford, 2021, S. 59.

40 Hierzu Jan Gerber/Philipp Graf/Anna Pollmann (Hrsg.), Geschichtsoptimismus und Katastrophenbewusstsein. Europa nach dem Holocaust, Göttingen, 2022.

41 Jürgen Zimmerer, Erinnerungskämpfe. Wem gehört die deutsche Geschichte?, in: ders., Erinnerungskämpfe, S. 11–37, hier S. 37.

42 Zimmerer, Erinnerungskämpfe, S. 37, 24 f.

43 Zur Kritik an einer vermeintlichen »Wahrheit der Vergangenheit« auch Mirjam Zadoff, Gewalt und Gedächtnis. Globale Erinnerung im 21. Jahrhundert, München, 2023, hier bes. S. 179.

44 Vgl. dazu bereits die semantische Spurensuche und kritische Reflexion von Lutz Niethammer, Kollektive Identität. Heimliche Quellen einer unheimlichen Konjunktur, Hamburg, 2000.

45 Zitate nach Assmann, Unbehagen, S. 210.

46 Vgl. etwa die Forschungen von Mark Roseman, Lives Reclaimed. A Story of Rescue and Resistance in Nazi Germany, New York, 2019; Christina Morina/Krijn Thijs (Hrsg.), Probing the Limits of Categorization. The Bystander in Holocaust History, New York, 2018.

47 Lim, Opfernationalismus, S. 104, 107.

48 So in einer Rede Ahmad Tibis vor der Knesset im Jahr 2010, zit. n. Sarah Ozacky-Lazar, Holocaust Memory among Palestinian Arab Citizens in Israel: Personal Sympathy and National Antagonism, in: Jacob S. Eder/Philipp Gassert/Alan Steinweis (Hrsg.), Holocaust Memory in a Globalizing World, Göttingen, 2017, S. 140–152, hier S. 140.

49 Lim, Opfernationalismus, S. 14.

50 Leo, Tränen, S. 225.

51 Zu diesen Beobachtungen vgl. Onur Erdur, Schule des Südens. Die kolonialen Wurzeln der französischen Theorie, Berlin, 2024, S. 251–269.

Literaturverzeichnis

Arnold, Sabine R., Stalingrad im sowjetischen Gedächtnis. Kriegserinnerung und Geschichtsbild im totalitären Staat, Bochum, 1998.

Assmann, Aleida, Das neue Unbehagen an der Erinnerungskultur. Eine Intervention, München, 2013.

Assmann, Jan, Das kulturelle Gedächtnis. Schrift, Erinnerung und politische Identität in frühen Hochkulturen, München, ^{2}1997.

Bajohr, Frank/Löw, Andrea (Hrsg.), The Holocaust and European Societies. Social Processes and Social Dynamics, London, 2016.

Bauman, Zygmunt, Dialektik der Ordnung. Die Moderne und der Holocaust, Hamburg, 2002.

Benjamin, Walter, Über den Begriff der Geschichte, in: ders., Gesammelte Schriften, Band I, hrsg. v. Rolf Tiedemann und Hermann Schweppenhäuser, Frankfurt am Main, 1991, S. 693–704.

Berger, Stefan/Niven, Bill (Hrsg.), Writing the History of Memory, London, 2014.

Bildungsstätte Anne Frank (Hrsg.), Welcher Fluss und welches Meer? Eine Einordnung der Mythen und Streitpunkte des Israel-Palästina-Konflikts, Frankfurt am Main, 2024.

Böckmann, Matthias/Gockel, Matthias/Kößler, Reinhart/Melber, Henning (Hrsg.), Jenseits von Mbembe. Geschichte, Erinnerung, Solidarität, Berlin, 2022.

Bürger, Christiane, Deutsche Kolonialgeschichte(n). Der Genozid in Namibia und die Geschichtsschreibung der DDR und BRD, Bielefeld, 2017.

Césaire, Aimé, Discours sur le colonialisme. Discours sur la Négritude [1950/1955], Paris, 2000.

Césaire, Aimé, Über den Kolonialismus, Berlin, 2021.

Czollek, Max/Beck, Teresa Koloma/Theilhaber, Amir, Gespräch: Antisemitismus und Rassismus als gesellschaftliche Herausforderungen, in: Christina Morina (Hrsg.), Antisemitismus und Rassismus. Konjunkturen und Kontroversen seit 1945 (Debatten zur Zeitgeschichte, Band 2), Göttingen, 2024, S. 77–113.

Diner, Dan, Israel in Palästina. Über Tausch und Gewalt im Vorderen Orient, Königstein/Ts., 1980.

Diner, Dan, Ein anderer Krieg. Das jüdische Palästina und der Zweite Weltkrieg 1935–1942, München, 2021.

Erdur, Onur, Schule des Südens. Die kolonialen Wurzeln der französischen Theorie, Berlin, 2024.

Fanon, Frantz, Schwarze Haut, weiße Masken, Frankfurt am Main, 1980.

Frei, Norbert, Infrastruktur und Engagement. Nationale Identität und Erinnerungspolitik in Deutschland nach 1989/90, in: Volkhard Knigge (Hrsg.), Jenseits der Erinnerung, Göttingen, 2022, S. 158–164.

Gerber, Jan/Graf, Philipp/Pollmann, Anna (Hrsg.), Geschichtsoptimismus und Katastrophenbewusstsein. Europa nach dem Holocaust, Göttingen, 2022.

Grigat, Stephan et al. (Hrsg.), Erinnern als höchste Form des Vergessens? (Um-)Deutungen des Holocaust und der »Historikerstreit 2.0«, Berlin, 2023.

Gutman, Yifat/Wüstenberg, Jenny (Hrsg.), The Routledge Handbook of Memory Activism, Oxford/New York, 2023.

Habermas, Jürgen, Statt eines Vorworts, in: Saul Friedländer/Norbert Frei/Sybille Steinbacher/Dan Diner, Ein Verbrechen ohne Namen. Anmerkungen zum neuen Streit über den Holocaust, München, 2022, S. 5–14.

Hájková, Anna, Menschen ohne Geschichte sind Staub. Queeres Verlangen im Holocaust, Göttingen, 2024.

Heath, Deana, Colonial Terror. Torture and State Violence in Colonial India, Oxford, 2021.

Heilbronn, Christian/Rabinovici, Doron/Sznaider, Natan (Hrsg.), Neuer Antisemitismus? Fortsetzung einer globalen Debatte, Berlin, 2019.

Helmert, Cornelius/Wagenschwanz, Lisa/Sondermann, Rosa (Hrsg.), Situations- und Res-sourcenanalyse. Für die Partnerschaft für Demokratie im Kyffhäuserkreis, Jena, 2024

Jeismann, Michael, Auf Wiedersehen Gestern. Die deutsche Vergangenheit und die Politik von morgen, Stuttgart/München, 2001.

Jureit, Ulrike, Geschichte als Identitätsressource. Wandlungsprozesse im Gedenken an den Holocaust, in: Totalitarismus und Demokratie 16 (2019), S. 27–37.

Jureit, Ulrike, Magie des Authentischen. Das Nachleben von Krieg und Gewalt im Reenactment, Göttingen, 2020.

Jureit, Ulrike, Erinnern als Überschritt. Reinhart Kosellecks geschichtspolitische Interventionen, Göttingen, 2023.

Jureit, Ulrike/Schneider, Christian, Gefühlte Opfer. Illusionen der Vergangenheitsbewältigung, Stuttgart, 2010.

Jureit, Ulrike/Schneider, Christian/Frölich, Margret (Hrsg.), Das Unbehagen an der Erinnerung. Wandlungsprozesse im Gedenken an den Holocaust, Frankfurt am Main, 2012.

Kansteiner, Wulf, Censorship and Memory. Thinking Outside the Box with Facebook, Goebbels, and Xi Jinping, in: Journal of Perpetrator Research 1 (2021), S. 35–58.

Khalidi, Rashed, Der hundertjährige Krieg um Palästina. Eine Geschichte von Siedlerkolonialismus und Widerstand, Zürich, 2020.

Kermani, Navid/Szanider, Natan, Israel. Eine Korrespondenz, München, 2023.

Knigge, Volkhard, Statt eines Nachworts. Abschied der Erinnerung. Anmerkungen zum notwendigen Wandel der Gedenkkultur in Deutschland, in: ders./Norbert Frei (Hrsg.), Verbrechen erinnern. Die Auseinandersetzung mit Holocaust und Völkermord, München, 2002, S. 423–440.

Knigge, Volkhard, Abschied von der Erinnerung. Zum notwendigen Wandel der Arbeit der KZ-Gedenkstätten in Deutschland, in: Kulturpolitische Mitteilungen 128 (2010), S. 136–143.

Knigge, Volkhard, Geschichte als Verunsicherung. Konzeptionen für ein historisches Begreifen des 20. Jahrhunderts, hrsg. v. Axel Doßmann, Göttingen, 2020, S. 223–240.

Knigge, Volkhard (Hrsg.), Jenseits der Erinnerung – Verbrechensgeschichte begreifen. Impulse für die kritische Auseinandersetzung mit dem Nationalsozialismus nach dem Ende der Zeitgenossenschaft, Göttingen, 2022.

Knigge, Volkhard, Statt einer Einleitung. Jenseits der Erinnerung – Verbrechensgeschichte begreifen. Impulse für eine kritische Auseinandersetzung mit dem Nationalsozialismus nach dem Ende der Zeitgenossenschaft, in: ders. (Hrsg.), Jenseits der Erinnerung – Verbrechensgeschichte begreifen. Impulse für die kritische Auseinandersetzung mit dem Nationalsozialismus nach der Zeitgenossenschaft, Göttingen, 2022, S. 9–34.

Knoch, Habbo, Gedenkstätten, Version: 1.0, in: Docupedia-Zeitgeschichte, 11.09.2018, online: http://docupedia.de/zg/Knoch_gedenkstaetten_v1_de_2018, S. 1–44.

Knoch, Habbo, Geschichte in Gedenkstätten. Theorie – Praxis – Berufsfelder, Tübingen, 2020.

Kößler, Reinhart, Rezension: Dan Diner. Ein anderer Krieg, in: Peripherie 42 (2022), 167/168, S. 453–455

Leo, Per, Tränen ohne Trauer. Nach der Erinnerungskultur, Stuttgart, 2021.

Levy, Daniel/Sznaider, Natan, Erinnerung im globalen Zeitalter. Der Holocaust, Frankfurt am Main, 2001.

Levy, Daniel/Sznaider, Natan, The Holocaust and Memory in the Global Age, Philadelphia, 2006.

Lim, Jie-Hyun, Opfernationalismus. Erinnerung und Herrschaft in der postkolonialen Welt, Berlin, 2024.

Machunsky, Niklaas, Die antizionistische Aufhebung der Vergangenheitsbewältigung. Aleida Assmann und der linke Revisionismus, in: Stephan Grigat et al. (Hrsg.), Erinnern als höchste Form des Vergessens? (Um-)Deutungen des Holocaust und der »Historikerstreit 2.0«, Berlin, 2023, S. 375–407.

Mansour, Ahmad, Klartext zur Integration. Gegen falsche Toleranz und Panikmache, Frankfurt am Main, 2018.

Mansour, Ahmad, Solidarisch sein! Gegen Rassismus, Antisemitismus und Hass, Frankfurt am Main, 2020.

Mansour, Ahmad, Operation Allah. Wie der politische Islam unsere Demokratie unterwandern will, Frankfurt am Main, 2022.

Mansour, Ahmad/Schuster, Josef, Spannungsfelder. Leben in Deutschland. Im Gespräch mit Shelly Kupferberg, Freiburg im Breisgau, 2024.

Marcuse, Harold, Legacies of Dachau. The Uses and Abuses of a Concentration Camp, 1933–2001, Cambridge, 2001.

Mbembe, Achille, Politik der Feindschaft, Berlin, [2]2020 [frz. Orig. Politiques de l'ininmitié 2016].

Moller, Sabine, Erinnerung und Gedächtnis, Version: 1.0, in: Docupedia-Zeitgeschichte, 12.04.2010, online: http://docupedia.de/zg/moller_erinnerung_gedaechtnis_v1_de_2010.

Morina, Christina, In Search of the Bystander. Some Reflections on the »Social Turn« in Holocaust Studies and its Ramifications, in: Mary Fulbrook/Stephanie Bird (Hrsg.), Compromised Iden-

tities? Perpetration and Complicity under Nazism and Beyond, London, 2023, S. 69–83.
Morina, Christina (Hrsg.), Antisemitismus und Rassismus. Konjunkturen und Kontroversen seit 1945, Göttingen, 2024.
Morina, Christina/Hecker, Jens (Hrsg.), Gedenke, wo du stehst! Das Engagement für die Gedenkstätte »Stalag 326 (VI K) Senne« in der politischen Kulturgeschichte der Bundesrepublik, 1945 bis heute, Berlin, 2025 (im Erscheinen).
Morina, Christina/Thijs, Krijn (Hrsg.), Probing the Limits of Categorization. The Bystander in Holocaust History, New York, 2018.
Morris, Benny, The Birth of the Palestinian Refugee Problem 1947–1949, Cambridge, 1987.
Morris, Benny, The War on History, in: Jewish Review of Books, Spring 2020, online: https://jewishreviewofbooks.com/articles/7210/the-war-on-history/#
Moses, A. Dirk, The German Catechism, in: Geschichte der Gegenwart, 23.05.2021, online: https://geschichtedergegenwart.ch/the-german-catechism.
Moses, A. Dirk, Die deutsche Debatte ist von Obsessionen geprägt. Erinnerungsräumliche Betrachtungen zum Katechismus der Deutschen, in: Jürgen Zimmerer (Hrsg.), Erinnerungskämpfe. Neues deutsches Geschichtsbewusstsein, Stuttgart, 2023, S. 264–290.
Neiman, Susan/Wildt, Michael (Hrsg.), Historiker streiten. Gewalt und Holocaust – die Debatte, Berlin, 2022.
Newsome, W. Jake, Pink Triangle Legacies. Coming Out in the Shadow of the Holocaust, Ithaca, 2022.
Niethammer, Lutz, Kollektive Identität. Heimliche Quellen einer unheimlichen Konjunktur, Hamburg, 2000.
Niven, Bill, The Reception of Steven Spielberg's Schindler's List in the German Media, in: Journal of European Studies XXV (1995), S. 165–189.
Niven, Bill (Hrsg.), Germans as Victims, London/New York, 2006.
Niven, Bill, Das Buchenwaldkind, Halle/Saale, 2009.
Niven, Bill (Hrsg.), Die »Wilhelm Gustloff«. Geschichte und Untergang eines Schiffes, Halle/Saale, 2011.
Niven, Bill, Generation War and Post-Didactic Memory. The Nazi Past in Contemporary Germany, in: Patrick Finney (Hrsg.), Remembering the Second World War, London, 2018, S. 30–45.

Niven, Bill, Facing the Nazi Past. United Germany and the Legacy of the Third Reich, London/New York, 2021.

Niven, Bill, Jüngere Strömungen deutscher Erinnerungskultur – einige Beobachtungen, in: Magnus Brechtken (Hrsg.), Aufarbeitung des Nationalsozialismus. Ein Kompendium, Göttingen, 2021, S. 647–668.

Niven, Bill, Jud Süß. Das lange Leben eines Propagandafilms, Halle/Saale, 2022.

Niven, William John, The Reception of Friedrich Hebbel in Germany in the Era of National Socialism, Stuttgart, 1984.

Ozacky-Lazar, Sarah, Holocaust Memory among Palestinian Arab Citizens in Israel. Personal Sympathy and National Antagonism, in: Jacob S. Eder/Philipp Gassert/Alan Steinweis (Hrsg.), Holocaust Memory in a Globalizing World, Göttingen, 2017, S. 140–152.

Port, Andrew I., Never Again. Germans and Genocide after the Holocaust, Cambridge, MA, 2023.

Rabinovici, Doron/Speck, Ulrich/Sznaider, Natan, Neuer Antisemitismus? Eine globale Debatte, Frankfurt am Main, 2004.

Rabinovici, Doron/Speck, Ulrich/Sznaider, Natan, Neuer Antisemitismus? Fortsetzung einer globalen Debatte, Frankfurt am Main, 2019.

Reuschenbach, Julia, Geschichtspolitik als Politikfeld. Entstehung, Entwicklung und Ak-teure am Beispiel der Aufarbeitung der SED-Diktatur, Baden-Baden, 2024

Roseman, Mark, Lives Reclaimed. A Story of Rescue and Resistance in Nazi Germany, New York, 2019.

Rothberg, Michael, Multidirectional Memory. Remembering the Holocaust in the Age of Decolonization, Stanford, 2009.

Rothberg, Michael, Multidirektionale Erinnerung. Holocaustgedenken im Zeitalter der Dekolonisierung, Berlin, 2021.

Sabrow, Martin, Die Lust an der Vergangenheit. Kommentar zu Aleida Assmann, in: Zeithistorische Forschungen/Studies in Contemporary History, Online-Ausgabe 4 (2007), 3, online: https://zeithistorische-forschungen.de/3-2007/4667.

Said, Edward, Orientalism, New York, 1978.

Sarid, Yishai, Monster, Zürich, 2019.

Segev, Tom, The Seventh Million. The Israelis and the Holocaust, New York, 1993.

Segev, Tom, One Palestine, complete. Jews and Arabs under the British mandate, London, 2000.

Siebeck, Cornelia, Nach der »Erfolgsgeschichte«. Die Gedenkstättenarbeit zu den NS-Verbrechen muss ihre Zukunft zurückgewinnen, in: Volkhard Knigge (Hrsg.), Jenseits der Erinnerung – Verbrechensgeschichte begreifen. Impulse für die kritische Auseinandersetzung mit dem Nationalsozialismus nach dem Ende der Zeitgenossenschaft, Göttingen, 2022, S. 120–136.

Simmel, Georg, Soziologie. Untersuchungen über die Formen der Vergesellschaftung, Berlin, 1908.

Sznaider, Natan, Fluchtpunkte der Erinnerung. Über die Gegenwart von Holocaust und Kolonialismus, München, 2022.

Sznaider, Natan, Die jüdische Wunde. Leben zwischen Anpassung und Autonomie, München, 2024.

Sznaider, Natan, Die Wunde Israel, in: Tania Martini/Klaus Bittermann (Hrsg.), Nach dem 7. Oktober. Essays über das genozidale Massaker und seine Folgen, Berlin, 2024, S. 194–207.

van Dijk, Lutz, Warum die Gedenkstunde im Bundestag am 27. Januar 2023 wichtig war – nicht nur für die queere Community, in: Gedenkstättenrundbrief 211 (2023), S. 47–51.

Vogt, Stefan, Rezension: Dan Diner, Ein anderer Krieg, in: Einsicht. Bulletin des Fritz Bauer Instituts 14 (2022), 23, S. 120.

Wehler, Hans-Ulrich, Das Deutsche Kaiserreich 1871–1918, Göttingen, 1973.

Wiedemann, Charlotte, Den Schmerz der Anderen begreifen. Holocaust und Weltgedächtnis, Berlin, 2022.

Wiese, Christian/Vogt, Stefan/Kiesel, Doron/Schneider-Ludorff, Gury (Hrsg.), Die Zukunft der Erinnerung. Perspektiven des Gedenkens an die Verbrechen des Nationalsozialismus und die Shoah, Berlin/Boston, 2021.

Wüstenberg, Jenny, Civil Society and Memory in Postwar Germany, Cambridge, 2017.

Zadoff, Mirjam, Gewalt und Gedächtnis. Globale Erinnerung im 21. Jahrhundert, München, 2023.

Zimmerer, Jürgen (Hrsg.), Erinnerungskämpfe. Neues deutsches Geschichtsbewusstsein, Stuttgart, 2023.

Dank

Auch die 3. *Bielefelder Debatte zur Zeitgeschichte* bedurfte einer monatelangen Vorbereitung inhaltlicher, organisatorischer und logistischer Art. Ich danke dem gesamten Team des Arbeitsbereichs Zeitgeschichte für die umfassende Unterstützung dabei: Nadine Engler für das herausragende Gesamtmanagement im Großen wie im Kleinen sowie den (früheren) Kolleginnen und Kollegen Sebastian Bischoff, Gaëlle Fisher, Theo Flint, Christoph Herkströter, Chiara Johannesmeier, Teresa Malice, Moritz Y. Meier, Laura Niewöhner, Lena Obermann, Felix Tiemann und Michelle Wirachowski. Ich danke ebenso herzlich sowohl der Fritz Thyssen Stiftung als auch der Bielefelder Universitätsgesellschaft für die finanzielle Unterstützung der Veranstaltung und der Veröffentlichung.

Anna Strommenger hat sich nicht nur bereit erklärt, die Moderation des zweiten Podiums zu übernehmen, sondern in vielen Gesprächen zur inhaltlichen Vor- und Nachbereitung beider Gespräche sowie deren Publikation einen entscheidenden Beitrag geleistet. Heike Specht hat uns wiederum mit einem exzellenten Lektorat unterstützt. Ulrike Jureit, Bill Niven, Natan Sznaider, Achmad Mansour und Stefanie Middendorf bin ich zu besonderem Dank verpflichtet. Ohne die große Geduld, Umsicht und Zugewandtheit, mit der sie trotz der schwierigen aktuellen Lage an der Drucklegung mitgewirkt haben, hätte dieser Band nicht erscheinen können.

Schließlich möchte ich meinen Studierenden an der Universität Bielefeld und an der New School in New York für viele anregende Diskussionen zum Thema NS-Geschichte und Nachgeschichte in Lehrveranstaltungen, in der Studiengruppe Zeitgeschichte und darüber hinaus danken. Diese Diskussionen bereichern meine Arbeit als Hochschullehrerin jeden Tag, und sie sind auf vielfältige Weise in die Fragen und Gedankengänge eingeflossen, die wir mit der 3. *Bielefelder Debatte* aufgegriffen haben.

Christina Morina New York/Bielefeld, im März 2025.

Über die Autoren und Autorinnen

Ulrike Jureit ist Historikerin und seit 2004 wissenschaftliche Mitarbeiterin der Hamburger Stiftung zur Förderung von Wissenschaft und Kultur sowie assoziierte Wissenschaftlerin am Hamburger Institut für Sozialforschung.

Ahmad Mansour ist Psychologe, Autor und Geschäftsführer der Mansour-Initiative für Demokratieförderung und Extremismusprävention in Berlin.

Stefanie Middendorf ist seit 2021 Professorin für Neueste Geschichte und Zeitgeschichte an der Friedrich-Schiller-Universität Jena.

Christina Morina ist seit 2019 Professorin für Allgemeine Geschichte unter besonderer Berücksichtigung der Zeitgeschichte an der Universität Bielefeld.

Bill Niven ist Professor Emeritus für zeitgenössische deutsche Geschichte an der Nottingham Trent University.

Anna Strommenger ist wissenschaftliche Mitarbeiterin im Arbeitsbereich Zeitgeschichte der Abteilung Geschichtswissenschaft an der Universität Bielefeld.

Natan Sznaider ist Professor Emeritus für Soziologie an der Akademischen Hochschule in Tel Aviv.

Personenregister